*Dr. Jaerock Lee*

# Waakt en bidt

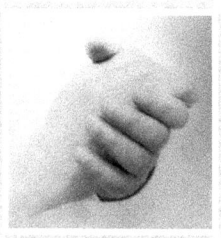

*En [Jezus] kwam bij zijn discipelen en vond hen slapende,
en Hij zeide tot Petrus: Waart gijlieden zo weinig bij machte één uur met Mij te
waken? Waakt en bidt, dat gij niet in verzoeking komt; de geest is wel gewillig,
maar het vlees is zwak" (Mattheüs 26: 40-41)*

WAAKT EN BIDT af door Jaerock Lee
Gepubliceerd door Urim Books (President: Johnny H. Kim)
73, Yeouidaebang-ro 22-gil, Dongjak-gu, Seoul, Korea
www.urimbooks.com

Alle rechten voorbehouden. Dit boek of delen van dit boek mogen in geen enkele vorm gekopieerd worden, in een terughaal systeem opgeslagen worden, of geleid worden in enige vorm of betekenis, elektronisch, mechanisch, gekopieerd, opgenomen worden of iets dergelijks, zonder de toegestane schriftelijke goedkeuring van de uitgever

Copyright © 2010 door Dr. Jaerock Lee
ISBN: 979-11-263-0672-5  03230
Vertaling Copyright © 2007 door Dr. Esther K. Chung. Gebruikt met toestemming.

Voorheen gepubliceerd in het Koreaans in 1992 door Urim Books in Seoul, Korea

*Eerste uitgave februari 2021*

Bewerkt door Dr. Geumsun Vin
Ontworpen door de Uitgeverij van Urim Books
Gedrukt door Yewon Printing Company
Voor meer informatie: urimbook@hotmail.com

# Een boodschap over de publicatie

Zoals God ons beveelt om voortdurend te bidden, geeft Hij ons ook op vele manieren de instructies waarom we voortdurend moeten bidden en waarschuwt Hij ons ook om te bidden zodat we niet in de verzoeking vallen. Net zoals het normaal ademen, voor een gezond persoon geen moeilijke taak is, vindt een geestelijk gezond persoon het normaal en niet lastig om te leven door Gods Woord terwijl hij zoals gebruikelijk voortdurend bidt. Dat komt omdat naar de hoeveelheid iemand bidt, hij ook zal genieten van een goede gezondheid en alles goed met hem zal gaan, net zoals het goed gaat met zijn ziel. De betekenis van gebed, kan daarom nooit genoeg worden benadrukt.

Een persoon kan niet door zijn neusgaten ademen, wanneer zijn leven voorbij is. Evenzo, wanneer de geest van een individu dood is, is hij niet in staat om geestelijk te ademen. Met andere woorden, de geest van de mens was door de zonde van Adam dood, maar degenen wiens geest inmiddels hersteld is door de Heilige Geest, moeten zolang hun geest levend is, nooit falen in het bidden, net zoals we geen onderbreking kunnen nemen in het ademen. Nieuwe gelovigen die onlangs Jezus Christus hebben aangenomen, zijn als kinderen. Ze weten niet hoe ze moeten bidden en hebben de neiging om gebed vermoeiend te vinden. Wanneer zij echter niet opgeven met het steunen op het Woord van God en vurig blijven bidden, zullen hun geesten groeien en zullen zij bekrachtigd worden wanneer zij krachtig bidden. Deze mensen zullen dan beseffen dat zij niet kunnen leven zonder gebed, net zoals iemand niet in staat is om te leven zonder te ademen.

Bidden is niet alleen onze geestelijke adem, maar een kanaal om een dialoog te vormen tussen God en Zijn kinderen, welke altijd open moet blijven. Het feit dat conversaties in moderne families afgesneden zijn tussen vele ouders en hun kinderen, is niets minder dan een tragedie. Wederzijds vertrouwen is beschadigd en hun relaties zijn meer een formaliteit. Er is echter niets, wat wij niet tegen onze God kunnen vertellen.

Onze God is een zorgende Vader, die ons het beste kent en begrijpt, te allen tijde aandacht aan ons schenkt, en verlangt van ons dat we van tijd tot tijd met Hem praten. Voor alle gelovigen, is gebed daarom een sleutel om te kloppen en de deur van het hart van de almachtige God te openen, en een wapen dat boven tijd en ruimte gaat. Hebben wij niet gezien, gehoord over, en uit eerste hand ervaren dat het leven van talloze Christenen en de geschiedenis van de wereld, door krachtig gebed, veranderd zijn?

Wanneer wij nederig vragen om de hulp van de Heilige Geest, wanneer we bidden, zal God ons vullen met de Heilige Geest, ons toestaan om Zijn wil duidelijker te begrijpen en erdoor te leven, en ons in staat stellen om de vijand duivel te overwinnen en overwinnend te zijn in deze wereld.

Wanneer iemand echter faalt om de leiding van de Heilige Geest te ontvangen omdat hij niet bidt, zal hij eerst en vooral steunen op zijn eigen gedachten en theorie, en in de leugen leven, die tegen de wil van God is, en het zal moeilijk voor hem zijn om redding te ontvangen. Dat is de reden waarom de Bijbel zegt in Kolossenzen 4: 2, "Volhardt in het gebed, weest daarbij waakzaam en dankt," en in Mattheüs 26: 41, "Waakt en bidt, dat gij niet in verzoeking komt; de geest is wel gewillig, maar het vlees is zwak."

De reden waarom Gods enige Zoon Jezus al Zijn werk kon volbrengen in overeenstemming met de wil van God, was omwille van de kracht van gebed. Voordat Hij Zijn openbare bediening begon, vastte onze Heer Jezus gedurende 40 dagen en plaatste een voorbeeld van een leven van gebed door iedere keer wanneer Hij, tijdens Zijn drie jaren van bediening ook maar kon, ging bidden.

We vinden vele christenen die de belangrijkheid van gebed erkennen, maar velen van hen falen in het ontvangen van Gods antwoorden omdat ze niet weten hoe ze moeten bidden overeenkomstig de wil van God. Ik ben gebroken van hart om zulke individuen te zien en te horen voor lange tijd, maar ik ben heel blij dat ik een boek over gebed kan uitgeven, wat gebaseerd is op 20 jaren van bediening en eerste hands ervaringen.

Ik hoop dat dit boek een grote hulp zal zijn voor elke lezer in het ontmoeten en ervaren van God, en dat het u mag leiden tot een leven van krachtig gebed. Ik bid dat elke lezer waakzaam zal zijn en voortdurend zal bidden zodat hij kan genieten van een goede gezondheid en alles goed mag gaan met hem alsook met zijn ziel, in de naam van de Here!

*Jaerock Lee*

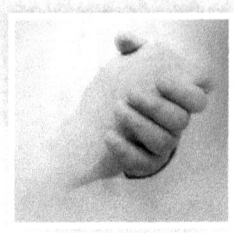

# Inhoudsopgave
WAAKT EN BIDT

Een boodschap over de publicatie

*Hoofdstuk 1*
Bidt, zoekt en klopt  1

*Hoofdstuk 2*
Gelooft dat u het ontvangen heeft  21

*Hoofdstuk 3*
Het soort van gebed dat God welgevallig is  35

*Hoofdstuk 4*
Opdat u niet in verzoeking valt  57

*Hoofdstuk 5*
Het effectieve gebed van een rechtvaardig mens  73

*Hoofdstuk 6*
De grote kracht van eenparig van gebed  85

*Hoofdstuk 7*
Bidt voortdurend, en geef niet op  101

## Hoofdstuk 1

## Bidt, zoekt en klopt

"Bidt en u zal gegeven worden;
zoekt en gij zult vinden;
klopt en u zal opengedaan worden.
Want een ieder, die bidt, ontvangt,
en wie zoekt, vindt,
en wie klopt, hem zal opengedaan worden.
Of welk mens onder u zal,
als zijn zoon hem om brood vraagt,
hem een steen geven?
Of als hij een vis vraagt,
zal hij hem toch geen slang geven?
Indien dan gij, hoewel gij slecht zijt,
goede gaven weet te geven aan
uw kinderen,
hoeveel te meer zal uw Vader in de hemelen het goede geven
aan hen, die Hem daarom bidden!"

(Mattheüs 7: 7-11)

## 1. God geeft goede gaven aan degenen die erom vragen

God wil niet dat Zijn kinderen lijden onder armoede en ziekte, maar verlangt dat elke zaak in hun leven goed gaat. Wanneer wij echter nutteloos zitten zonder enige wilskracht te gebruiken, zullen wij ook niets oogsten. Ondanks dat God ons alles kan geven in het heelal, omdat alle dingen in het heelal Hem toebehoren, wil Hij toch dat Zijn kinderen, bidden, zoeken en het bereiken vanuit zichzelf, net zoals een oud gezegde zegt, "U zou de huilende baby moeten voeden."

Wanneer er een persoon is die alles wenst te ontvangen, terwijl hij er zomaar bijstaat, is hij niet anders dan de bloemen die geplant zijn in een tuin. Hoe ontmoedigend zouden ouders zijn wanneer hun kinderen zich zo zouden gedragen als stilstaande planten en de hele dag in bed zouden blijven, zonder zich in te spannen om hun eigen leven te leven? Zo'n gedrag is als dat van een lui mens, die zijn tijd verkwist terwijl hij wacht tot de vrucht van een boom in zijn mond valt.

God wil dat wij zijn wijze en vlijtige kinderen worden, die ijverig bidden, zoeken, en kloppen en daarbij genieten van Zijn zegeningen en Hem de glorie geven. Dat is exact datgene wat Hij aan ons beveelt, om te bidden, te zoeken en te kloppen. Geen enkele ouder zal zijn kind een steen geven, wanneer het kind om brood vraagt. Geen enkele ouder zal zijn kind een slang geven als het kind om een vis vraagt. Zelfs wanneer een ouder zo slecht is, verlangt hij toch om goede dingen te geven aan zijn kinderen. Denkt u dan ook niet dat onze God – die van ons houdt tot de mate dat Hij Zijn eniggeboren Zoon gaf om te sterven in onze plaats – Zijn kinderen dan ook geen goede dingen zal geven, als zij erom vragen?

In Johannes 15: 16 vertelt Jezus ons, *"Niet gij hebt Mij, maar Ik heb u uitgekozen en u aangewezen, opdat gij zoudt heengaan en vrucht dragen en uw vrucht zou blijven, opdat de Vader u alles geve, wat gij Hem bidt in mijn naam."* Dit is een plechtige belofte van de almachtige God van liefde, dat wanneer wij ernstig bidden, zoeken en kloppen, Hij de deuren van de Hemel zal openen, ons zal zegenen, en zelfs ons hartsverlangen zal beantwoorden.

Laat ons eens kijken, met het Schriftgedeelte waarop dit hoofdstuk gebaseerd is, naar hoe we moeten bidden, zoeken en kloppen, en alles wat we vragen van God kunnen ontvangen, zodat het grote glorie aan Hem en grote vreugde voor ons zal brengen.

### 2. Bidt en het zal u gegeven worden

God vertelt alle mensen, "Bidt en het zal u gegeven worden," en verlangt dat iedereen gezegend wordt, door alles te ontvangen waar hij om vraagt. Om welke reden, vertelt Hij ons dan dat we moeten bidden?

## 1) Bidt om Gods kracht en het zien van Zijn aangezicht

God schiep de mens, nadat Hij de hemelen en de aarde en alles erin had geschapen. En Hij zegende en zei tot de mens om vruchtbaar te worden en zich te vermenigvuldigen, en de aarde te vullen, en het te onderwerpen; en te heersen over de vissen in de zee en over de vogels in de lucht en alle levende dingen die op de aarde bewegen.

Nadat de eerste mens, Adam, ongehoorzaam was aan Gods Woord, verloor hij echter die zegeningen en verborg zich toen hij de stem van God hoorde (Genesis 3: 8). Bovendien, zijn de mensen, die zondaren werden, vervreemd van God en verdreven op het pad van vernietiging als slaven van de vijand duivel.

Voor die zondaren, zond de God van liefde Zijn Zoon Jezus Christus naar de aarde, om hen te redden, en de deur van redding voor hen te openen. En wanneer iemand Jezus Christus aanneemt als zijn persoonlijke Redder en in Zijn naam gelooft, zal God hem al zijn zonden vergeven en hem de gave van de Heilige Geest geven.

Bovendien, leidt het geloof in Jezus Christus ons naar redding en stelt ons in staat om de kracht van God te ontvangen. Alleen wanneer God ons Zijn kracht en sterkte geeft, kunnen wij een succesvol religieus leven leiden. Met andere woorden, enkel door de genade en kracht van boven, kunnen wij de wereld overwinnen en leven overeenkomstig het Woord van God. En we hebben Zijn kracht nodig om de duivel te verslaan.

Psalm 105: 4 zegt ons, *"Vraagt naar de Here en zijn sterkte, zoekt zijn aangezicht bestendig."* Onze God is "IK BEN, DIE IK BEN" (Exodus 3: 14), de Schepper van de hemelen en de aarde (Genesis 2:4), en de Heerser over de geschiedenis en alles in het heelal van het begin tot in alle eeuwigheid. God is het Woord en door het Woord heeft Hij alles in het heelal geschapen en dus, is Zijn woord, kracht. Want de woorden van mensen veranderen altijd, ze dragen geen kracht uit om iets te scheppen of dingen te laten gebeuren. In tegenstelling tot de woorden van mensen die leugenachtig zijn en altijd veranderen, is het Woord van God levend en vol van kracht, en het kan het werk van schepping voortbrengen.

Daarom, ongeacht hoe krachteloos iemand is, wanneer hij het Woord van God hoort, dat levend is, en het gelooft, zonder te twijfelen, zal hij ook de werken van schepping voortbrengen en iets scheppen vanuit het niets. Het scheppen van iets uit niets is onmogelijk zonder iemands geloof in het Woord van God. Dat is de reden waarom Jezus tegen iedereen die tot Hem kwam proclameerde, *"Het geschiedde naar uw geloof."* Het komt er op neer, dat het bidden om Gods kracht, hetzelfde is als Hem vragen om ons geloof te geven.

Wat betekent het dan om "voortdurend Zijn aangezicht te zoeken"? Net zoals we niet kunnen zeggen dat we iemand "kennen" zonder hem gezien te hebben, verwijst "Zijn aangezicht zoeken" naar de pogingen die we nemen om te ontdekken "wie God is". Het betekent dat degenen die voorheen vermeden om het aangezicht van God te zien en Zijn stem te horen, nu hun harten openen, God zoeken en begrijpen, en proberen om Zijn stem te horen. Een zondaar is niet in staat om zijn hoofd omhoog te heffen en probeert zich daarom af te keren van anderen. Eens hij echter vergeving ontvangt, kan hij altijd zijn hoofd omhoog heffen en andere mensen aankijken.

Bovendien, zijn alle mensen zondaren door de ongehoorzaamheid aan het Woord van God, maar wanneer iemand vergeven is, door Jezus Christus aan te nemen en Gods kind wordt door de Heilige Geest te ontvangen, kan hij nu God zien, die het Licht is, want er wordt gezegd dat hij rechtvaardig is door de rechtvaardige God.

De meest cruciale reden, waarom God aan alle mensen zegt om "te bidden om Gods aangezicht te zien" is omdat Hij wil dat iedereen – alle zondaren – zich met God verzoenen en de Heilige Geest ontvangen door te vragen om Gods aangezicht te zien en Zijn kind te worden, zodat ze van aangezicht tot aangezicht voor Hem kunnen komen. Wanneer iemand een kind van God, de Schepper, wordt, zal hij de hemel en eeuwig leven en geluk ontvangen, welke elke andere zegening te boven gaat.

## 2) Vraag om Gods koninkrijk en gerechtigheid te volbrengen

Een persoon die de Heilige Geest heeft ontvangen en een kind van God is geworden, is in staat om een nieuw leven te leven, want hij is opnieuw geboren in de Geest. God die elke ziel kostbaarder acht dan de hemel en de aarde, vertelt ons, Zijn kinderen om Zijn koninkrijk en gerechtigheid boven alle andere dingen te vervullen (Mattheüs 6: 33).

Jezus zegt ons het volgende in Mattheüs 6: 25-33:

*Daarom zeg Ik u: Weest niet bezorgd over uw leven, wat gij zult eten [of drinken], of over uw lichaam, waarmede gij het zult kleden. Is het leven niet meer dan het voedsel en het lichaam meer dan de kleding? Ziet naar de vogelen des hemels: zij zaaien niet en maaien niet en brengen niet bijeen in schuren, en toch voedt uw hemelse Vader die; gaat gij ze niet verre te boven? Wie van u kan door bezorgd te zijn één el aan zijn lengte toevoegen? En wat zijt gij bezorgd over kleding? Let op de leliën des velds, hoe zij groeien: zij arbeiden niet en spinnen niet; en Ik zeg u, dat zelfs Salomo in al zijn heerlijkheid niet bekleed was als een van deze. Indien nu God het gras des velds, dat er heden is en morgen in de oven geworpen wordt, zó bekleedt, zal Hij u niet veel meer kleden, kleingelovigen? 31 Maakt u dan niet bezorgd, zeggende: Wat zullen wij eten, of wat zullen wij drinken, of waarmede zullen wij ons kleden? Want naar al deze dingen gaat het zoeken der heidenen uit. Want uw hemelse Vader weet, dat gij dit alles behoeft. Maar zoekt eerst Zijn Koninkrijk en Zijn gerechtigheid en dit alles zal u bovendien geschonken worden.*

Wat dan wil zeggen "Gods koninkrijk zoeken" en wat wil zeggen "Zijn gerechtigheid zoeken"? Met andere woorden, waar zullen wij om vragen om Gods koninkrijk en Zijn gerechtigheid te vervullen?

Voor de mensheid die slaven zijn geweest van de vijand duivel en bestemd waren voor de vernietiging, zond God Zijn enige Zoon naar de aarde en stond Jezus toe om te sterven aan het kruis. Door Jezus Christus, heeft God reeds de autoriteit hersteld die we verloren hebben, en heeft ons toegestaan om te wandelen op het pad van redding. Des te meer wij het nieuws van Jezus Christus verspreiden, die stierf voor ons en opstond, des te meer de krachten van satan worden vernietigd. Des te meer van satans macht wordt vernietigd, des te meer verloren zielen, redding zullen ontvangen. Des te meer zielen de redding bereiken, des te meer het koninkrijk van God zich uitbreidt. Dus, "Gods koninkrijk zoeken" verwijst naar het bidden voor het werk van het redden van zielen of wereldzending, zodat alle mensen Gods kinderen kunnen worden.

We leefden vroeger in de duisternis en te midden van zonde en slechtheid, maar door Jezus Christus zijn we bekrachtigd om voor God te komen, die Zelf het Licht is. Want God verblijft in goedheid, in gerechtigheid en in het licht, met zonde en slechtheid kunnen wij nooit voor Hem komen, noch Zijn kinderen worden.

Daarom, verwijst "het zoeken naar Gods gerechtigheid" naar het bidden dat iemands dode geest mag worden opgewekt, zijn ziel voorspoedig wordt en hij rechtvaardig wordt door te leven naar Gods woord. We moeten God vragen om ons toe te staan om Gods woord te horen en verlicht te worden, uit de zonde en duisternis te komen en te verblijven in het licht, en geheiligd te worden door Gods heiligheid na te jagen.

Het verwerpen van de werken van het vlees overeenkomstig het verlangen van de Heilige Geest en geheiligd te gaan worden door te leven door de waarheid worden volbracht door Gods gerechtigheid. Bovendien, wanneer wij vragen om Gods gerechtigheid te volbrengen, zullen wij genieten van goede gezondheid en zal alles goed met ons gaan, zelfs wanneer onze zielen voorspoedig zijn (3 Johannes 1: 2). Dat is de reden waarom God ons beveelt om Gods koninkrijk te volbrengen en Zijn gerechtigheid, en ons belooft dat alles wat we vragen ons ook gegeven zal worden.

### 3) Bidt om Zijn werker te worden en Gods gegeven plichten uit te dragen

Wanneer u bidt om Gods koninkrijk en gerechtigheid te vervullen, moet u bidden dat u Zijn werker wordt. Wanneer u al Zijn werker bent, dan moet u bidden dat u de God-gegeven plicht mag uitdragen. God beloont degenen die Hem ernstig zoeken (Hebreeën 11:6) en zal Zijn beloning geven aan iedereen overeenkomstig datgene wat hij gedaan heeft (Openbaring 22:12).

In Openbaring 2: 10 zegt Jezus ons, *"Wees getrouw tot de dood en Ik zal u geven de kroon des levens."* Zelfs in dit leven, wanneer iemand ijverig studeert kan hij een studiebeurs ontvangen en een goed college binnengaan. Wanneer iemand hard werkt op zijn werk, kan hij promotie ontvangen en een betere behandeling en salaris.

Evenzo, wanneer Gods kinderen getrouw zijn aan hun God-gegeven plichten, zullen zij veel grotere plichten en beloningen ontvangen. De mate of glorie van beloningen van deze wereld kunnen niet vergeleken worden met die van het koninkrijk van de Hemel. Daarom, moet een ieder op zijn eigen positie vurig in geloof worden en bidden om Gods kostbare werker te worden.

Wanneer iemand nog niet de God-gegeven plicht heeft, moet hij bidden dat hij een werker mag worden in Gods koninkrijk. Wanneer iemand al een plicht ontvangen heeft, moet hij bidden dat hij het goed mag vervullen en kijken naar een grotere plicht. Een leek moet bidden om een diaken te worden, terwijl de diaken bidt om een oudste te worden. Een huisgroep leider, zou moeten bidden om een leider te worden over een wijk, en een leider over een wijk om een leider over een streek te worden en de leider over een streek om daarboven uit te stijgen.

Dat wil niet zeggen dat iemand om een titel van een oudste of diaken moet vragen. Het verwijst naar het verlangen om getrouw te zijn in zijn plichten, inspanningen te maken voor hen, en gebruikt te worden in een grotere capaciteit door God.

Het belangrijkste ding voor een persoon die een God-gegeven plicht heeft is om het soort van getrouwheid te hebben, waarbij hij meer dan bekwaam is om zelfs een grotere plicht te dragen, dan op dit moment. Hiervoor, moet hij bidden zodat God hem kan aanbevelen, "Goed gedaan, gij goede en trouw dienstknecht!"

1 Korintiërs 4: 2 zegt ons, *"Voor zulke beheerders is dit tenslotte het vereiste: betrouwbaar te blijven."* Daarom moet een ieder van ons bidden om getrouwe werkers van God te worden, in onze kerken, het Lichaam van Christus en op onze verschillende posities.

## 4) Bidt om dagelijks brood

Om de mensheid van zijn armoede te verlossen, werd Jezus arm geboren. Om elke ziekte en kwaal te genezen, werd Jezus gegeseld en vergoot Zijn bloed. Dus, het is enkel natuurlijk voor Gods kinderen om te genieten van een overvloedig en gezond leven, en dat elke zaak goed gaat in hun leven. Wanneer we eerst Gods koninkrijk en gerechtigheid volbrengen, vertelt Hij ons dat al deze dingen bovendien aan ons geschonken zullen worden (Mattheüs 6:33). Met andere woorden, nadat we bidden om Gods koninkrijk en gerechtigheid te volbrengen, kunnen wij ook bidden voor de noodzakelijke dingen om te leven in deze wereld, zoals eten, kleding, onderdak, werk, zegeningen op ons werk, welzijn van onze families en dergelijke. Houdt in gedachten dat wanneer wij dingen vanuit begeerte vragen, en niet tot Zijn glorie, God ons gebed niet zal verhoren. Gebed vanuit zondevolle verlangens heeft niets te doen met God.

## 3. Zoekt en gij zult vinden

Wanneer u "zoekt" betekent dat dat u iets verloren bent. God wil dat de mensen dat "iets" dat ze verloren hebben, zullen bezitten. Want Hij beveelt ons om te zoeken, maar dan moeten we eerst bepalen wat we verloren hebben, zodat we "datgene" wat we verloren hebben kunnen zoeken. We moeten ook uitvinden hoe we het gaan vinden.

Wat hebben we dan verloren en hoe "zoeken" we het? De eerste mens die God schiep was een levend wezen dat bestond uit een geest, ziel en lichaam. Als levend wezen dat kon communiceren met God, die Geest is, genoot de eerste mens van alle zegeningen die God hem had gegeven en leefde hij door Zijn Woord. En toch, na de verzoekingen van de satan, was de eerste mens ongehoorzaam aan Gods bevel. In Genesis 2: 16-17 zien we, *"En de Here God legde de mens het gebod op: 'Van alle bomen in de hof moogt gij vrij eten, maar van de boom der kennis van goed en kwaad, daarvan zult gij niet eten, want ten dage, dat gij daarvan eet, zult gij voorzeker sterven.'"*

Ondanks dat de volledige plicht van de mens is om God te vrezen en Zijn geboden te onderhouden (Prediker 12: 13), onderhield de eerste mens die door God geschapen was niet het gebod. Uiteindelijk, net zoals God hem had gewaarschuwd, nadat hij van de boom van kennis van goed en kwaad at, stierf zijn geest en werd hij een mens van de ziel, die niet langer in staat was om te communiceren met God. Bovendien, stierven de geesten van al zijn nakomelingen en ook zij werden vleselijke mensen, die niet meer in staat waren om hun volledige plicht te vervullen. Adam werd uit de Hof van Eden gedreven, naar de vervloekte grond. Hij en al degenen die na hem kwamen, moesten nu leven te midden van zorgen, lijden en ziekte, en alleen door het zweet des aanschijns zouden zij kunnen eten. Bovendien, konden zij niet langer leven op een waardige wijze voor het doel van Gods schepping, en terwijl zij nutteloze dingen najaagden met hun gedachten, werden zij corrupt.

Voor een individu, wiens geest dood is en die enkel van ziel en vlees is, om opnieuw een leven te leven dat waardig is voor het doel van Gods schepping, moet zijn verloren geest worden hersteld. Alleen wanneer de dode geest in een mens is opgewekt, wordt hij een mens van geest en communiceert met God, die Geest is, en zal hij in staat zijn om te leven als een waarachtig mens. Dat is de reden waarom God ons beveelt om onze verloren geest te zoeken.

God opende voor alle mensen een weg om hun dode geest op te wekken en die weg is Jezus Christus. Wanneer wij in Jezus Christus geloven, zoals God ons heeft beloofd, zullen wij de Heilige Geest ontvangen en de Heilige Geest zal komen en in ons verblijven, en onze dode geest terug tot leven brengen. Wanneer wij Gods aangezicht zoeken en Jezus Christus aannemen na het horen van Zijn geklop aan de deur van ons hart, zal de Heilige Geest komen en geboorte geven aan de geest (Johannes 3: 6). Wanneer wij in gehoorzaamheid leven aan de Heilige Geest, de werken van het vlees verwerpen, ijverig luisteren, het innemen, er brood van maken, en over Gods woord bidden, zullen wij met Zijn hulp in staat zijn om naar

Zijn Woord te leven. Dit is het proces waarin de dode geest wordt opgewekt en iemand een persoon van de geest wordt en het verloren beeld van God herstelt.

Wanneer wij de hoge voedingsstoffen van een eierdooier willen opeten, moeten wij eerst de eierschaal breken en het wit verwijderen. Op gelijke wijze, voor een persoon om een geestelijk mens te worden, moeten zijn vleselijke werken verworpen zijn en moet hij geboren zijn in de geest, door de Heilige Geest. Dit is het "zoeken" waarover God sprak.

Veronderstel dat alle elektrische systemen in de hele wereld stilvallen. Geen enkele deskundige zal in staat zijn om de systemen in zijn eentje terug op te starten. Het zou heel veel tijd kosten voor de expert om elektriciens met spoed te sturen en de nodige delen te produceren zodat de elektriciteit in elk deel van de wereld herstelt kan worden.

Evenzo, om de dode geest op te wekken en een volkomen geestelijk mens te worden, moet iemand het Woord van God horen en kennen. En toch, is het kennen van het Woord niet genoeg om hem tot een geestelijk mens te maken, hij moet het ook ijverig innemen, het tot brood maken, en over het Woord bidden, zodat hij door Gods Woord kan leven.

## 4. Klopt en de deur zal geopend worden voor u

"De deur" waarover God sprak is een deur van belofte, die zal openen wanneer we erop kloppen. Op wat voor soort deur zegt God ons om te kloppen? Het is de deur tot het hart van onze God.

Voordat we klopten op de deur van het hart van onze God, klopte Hij eerst op de deur van ons hart (Openbaring 3: 20). Als gevolg, openden wij de deur van ons hart en namen Jezus Christus aan. Nu, is het onze beurt om op de deur te kloppen van Zijn hart. Want het hart van onze God is groter dan de hemelen en dieper dan de oceaan, wanneer wij kloppen op de deur van Zijn oneindige hart kunnen wij alles ontvangen.

Als wij bidden en kloppen op de deur van Gods hart, zal Hij de poorten van de hemel openen en de schatten over ons uitstorten. Wanneer God, die opent en niemand sluit, en Hij sluit en niemand opent, de poorten van de hemel opent en ons belooft om ons te zegenen, kan niemand in Zijn weg staan en de stroom van zegen tegenhouden (Openbaring 3: 7).

We kunnen Gods antwoorden ontvangen wanneer wij kloppen op de deur van Zijn hart. En toch, afhankelijk van hoeveel iemand op die deur klopt, kan hij of een grote of een kleine zegen ontvangen. Wanneer hij graag een grote zegen wil ontvangen, moeten de poorten van de hemel wijdt open zijn. Dus, moet hij des te meer en ijverig kloppen op de deur van Gods hart en Hem welgevallig zijn.

Want God heeft welgevallen en is blij wanneer wij de zonde verwerpen en leven door Zijn geboden in de waarheid, wanneer wij door Gods woord leven, kunnen wij alles ontvangen wat wij ook maar vragen. Met andere woorden, "Kloppen op de deur van Gods hart" verwijst naar het leven volgens Gods geboden. Wanneer wij ijverig kloppen op de deur van Zijn hart, zal God ons nooit bestraffen en zeggen, "Waarom klop je zo hard?" Het is precies het tegenovergestelde. God zal des te meer welgevallen hebben en ons de verlangens geven die wij vragen. Daarom, hoop ik dat u zult kloppen op de deur van Gods hart met uw daden, zult ontvangen wat u vraagt, en daarmee grote glorie zult geven aan God.

Hebt u ooit een vogel gevangen met een slinger? Ik herinner mij dat ik ooit eens van een vriend van mijn vader gehoord heb, die mij prees hoe ik met de slinger kon schieten. De slinger is een hulpmiddel dat gemaakt is door voorzichtig een stuk hout te snijden en een steen te schieten met een rubberen elastiek die vastgebonden is rond het Y-vormig stuk hout.

Als ik Mattheüs 7: 7-11 zou moeten vergelijken met een slinger, dan zou "bidden" verwijzen naar het vinden van een slinger, en een steen waarmee de vogel gevangen kan worden. Daarna moet u uzelf toerusten met de bekwaamheid om een goed schot te maken naar de vogel. Wat voor nut zouden een slinger en een steen hebben, als u niet weet hoe u moet schieten? U wilt misschien een doel maken, uzelf vertrouwd maken met de kenmerken van de slinger, oefenen op het doel, en bepalen en begrijpen wat de beste manier is om de vogel te vangen. Dit proces is gelijkwaardig aan het "zoeken". Door te lezen, het in te nemen en het Woord van God tot brood te maken, als een kind van God, bent u nu uzelf aan het toerusten met de kwalificaties om Zijn antwoorden te ontvangen.

Wanneer u uzelf hebt toegerust met de bekwaamheid om de slinger te gebruiken en er ook goed mee kan schieten, moet u er nu ook mee gaan schieten en dit kan vergeleken worden met het "kloppen." Zelfs wanneer een slinger en een steen zijn voorbereid, en zelfs wanneer u uzelf hebt toegerust met de vaardigheid om te schieten, als u niet gaat schieten, zult u nooit een vogel vangen. Met andere woorden, alleen wanneer wij leven door Gods woord dat wij tot brood voor ons hart hebben gemaakt, zullen wij datgene ontvangen waar wij Hem om vragen.

Bidden, zoeken en kloppen zijn geen afzonderlijke processen, maar een gevlochten proces. Nu weet u waar u voor kunt bidden, zoeken en kloppen. Ik bid in de naam van onze Heer, dat u grote glorie zult geven aan God als Zijn gezegende kinderen terwijl u antwoorden ontvangt naar de verlangens van uw hart, door ijverig en vurig te bidden, te zoeken en te kloppen!

# Hoofdstuk 2

## Gelooft dat u het ontvangen heeft

Voorwaar, Ik zeg u, wie tot deze berg zou zeggen,
hef u op en werp u in de zee,
en in zijn hart niet zou twijfelen,
maar geloven, dat hetgeen hij zegt geschiedt,
het zal hem geschieden.
Daarom zeg Ik u, al wat gij bidt en begeert,
gelooft, dat gij het hebt ontvangen,
en het zal geschieden.

(Marcus 11:23-24)

## 1. De grote kracht van geloof

Op een dag, hoorden de discipelen die samen met Jezus waren, hun Leraar tegen de vruchteloze vijgenboom zeggen, *"Nooit groeie aan u enige vrucht meer, in eeuwigheid!"* Toen zij zagen dat de boom verdorde tot zijn wortels, waren de discipelen verbaasd en ondervroegen Jezus. In antwoord zei Hij tot hen, *"Voorwaar, Ik zeg u, indien gij geloof hebt en niet twijfelt, zult gij niet alleen doen wat met de vijgenboom is gebeurd, maar zelfs indien gij tot deze berg zegt: Hef u op en werp u in de zee, het zal geschieden."* (Mattheüs 21: 21).

Jezus beloofde ons ook, *"Voorwaar, voorwaar, Ik zeg u, wie in Mij gelooft, de werken, die Ik doe, zal hij ook doen, en grotere nog dan deze, want Ik ga tot de Vader; en wat gij ook vraagt in mijn naam, Ik zal het doen, opdat de Vader in de Zoon verheerlijkt worde. Indien gij Mij iets vraagt in mijn naam, Ik zal het doen."* (Johannes 14: 12-14), en *"Indien gij in Mij blijft en mijn woorden in u blijven, vraagt wat gij maar wilt, en het zal u geworden. Hierin is mijn Vader verheerlijkt, dat gij veel vrucht draagt en gij zult mijn discipelen zijn."* (Johannes 15: 7-8).

Kortom, omdat God de Schepper, de Vader is van degenen die Jezus Christus hebben aangenomen, kunnen zij de verlangens van hun hart beantwoordt hebben, wanneer zij Gods woord geloven en gehoorzamen. In Mattheüs 17: 20 vertelt

Jezus ons, *"Vanwege uw klein geloof. Want voorwaar, Ik zeg u, indien gij een geloof hebt als een mosterdzaad, zult gij tot deze berg zeggen: Verplaats u vanhier daarheen en hij zal zich verplaatsen en niets zal u onmogelijk zijn."* Waarom falen zoveel mensen dan in het ontvangen van Gods antwoorden en Hem de glorie ervoor geven, ondanks de talloze uren van gebed? Laat ons eens onderzoeken hoe wij God kunnen verheerlijken, wanneer wij iets ontvangen waar wij om hebben gebeden en gevraagd.

## 2. Geloof in de Almachtige God

Voor een mens, om het vanaf het begin van zijn leven vol te kunnen houden, zal hij vele noodzakelijke zaken nodig hebben zoals voedsel, kleding, onderdak en dergelijke. En toch is het meest essentiële element om het vol te houden in het leven, het ademen; het staat toe dat het leven mogelijk is en maakt dat het leven de moeite waard is. Terwijl de kinderen van God, die Jezus Christus hebben aangenomen, en opnieuw geboren zijn, ook nog vele dingen in het leven nodig hebben, is het meest fundamentele ding in hun leven, gebed.

Gebed is het kanaal om een gesprek met God, die Geest is, te kunnen voeren, alsook de adem voor onze geest. Bovendien, is gebed ook een middel om God te vragen en Zijn antwoorden te ontvangen, daarom is het belangrijkste aspect in het bidden, het hart waarmee we geloven in de almachtige God.

Afhankelijk van de mate van iemands geloof in God als hij bidt, zal hij de zekerheid van Gods antwoorden voelen en zal hij ook de antwoorden ontvangen overeenkomstig zijn geloof.

Wie is dan nu deze God, in wie wij ons geloof plaatsen? In de beschrijving van Zichzelf zei God in Openbaring 1: 8, *"Ik ben de alfa en de omega, zegt de Here God, die is en die was en die komt, de Almachtige."* God wordt in het Oude Testament gekenmerkt als de Schepper van alles in het universum (Genesis 1: 1-31) en scheidde de Rode Zee en stond de Israëlieten, die Egypte hadden verlaten toe om het te door kruisen (Exodus 14: 21-29). Toen de Israëlieten Gods gebod gehoorzaamden en om de stad Jericho wandelden gedurende zeven dagen, en een luide roep gaven, kwamen de muren van Jericho, die niet te vernietigen waren, neer (Jozua 6: 1-21). Toen Jozua tot God bad, tijdens de oorlog tegen de Amorieten, liet God de zon stilstaan en de maan stoppen (Jozua 10: 12-14).

In het Nieuwe Testament, wekte Jezus, de Zoon van de Almachtige God, de dode op uit het graf (Johannes 11: 17-44), genas elke ziekte en kwaal (Mattheus 4: 23-24), opende de ogen van de blinden (Johannes 9: 6-11), en liet de kreupele opstaan en opnieuw wandelen (Handelingen 3: 1-10). Hij dreef ook in een keer de machten van de vijand duivel en boze geesten uit door Zijn Woord (Marcus 5: 1-20) en met vijf broden en twee vissen, voorzag Hij genoeg voedsel voor meer dan 5.000 mensen zodat deze tot verzadiging toe konden eten (Marcus 6: 34-44). Bovendien, door de wind en de golven tot rust te brengen, liet Hij uit eerste hand zien dat Hij de Heerser over alle dingen in het universum is (Marcus 4: 35-39).

Daarom moeten wij geloven in de Almachtige God, die ons goede gaven geeft in Zijn overvloedige liefde. Jezus zei ons in Mattheüs 7: 9-11, *"Of welk mens onder u zal, als zijn zoon hem om brood vraagt, hem een steen geven? Of als hij een vis vraagt, zal hij hem toch geen slang geven? Indien dan gij, hoewel gij slecht zijt, goede gaven weet te geven aan uw kinderen, hoeveel te meer zal uw Vader in de hemelen het goede geven aan hen, die Hem daarom bidden.!"* De God van liefde wil ons, Zijn kinderen, de beste gaven geven.

In Zijn overvloedige liefde, gaf God ons Zijn enige Zoon. Wat zou Hij ons dan niet geven? Jesaja 53: 5-6 zegt ons, *"Maar om onze overtredingen werd hij doorboord, om onze ongerechtigheden verbrijzeld; de straf die ons de vrede aanbrengt, was op hem, en door zijn striemen is ons genezing geworden. Wij allen dwaalden als schapen, wij wendden ons ieder naar zijn eigen weg, maar de Here heeft ons aller ongerechtigheid op hem doen neerkomen."* Door Jezus Christus bereidde God ons voor, hebben wij leven in plaats van dood verkregen, en kunnen wij nu genieten van vrede en genezing ontvangen.

Wanneer Gods kinderen, de almachtige en levende God dienen als hun Vader en geloven dat God alles laat medewerken ten goede voor degenen die Hem liefhebben, en degenen antwoordt die het uitroepen tot Hem, moeten zij niet moe of wanhopig worden in tijden van beproeving en kwelling, maar in plaats daarvan dankbaar zijn, zich verheugen en bidden.

Dit is om te "geloven in God" en Hij heeft welgevallen om zo'n geloof te zien. God antwoordt ons ook overeenkomstig ons geloof en door ons het bewijs van Zijn bestaan te laten zien, staat God ons toe om Hem te verheerlijken.

### 3. Vraag in geloof en twijfel niet

God, de Schepper van de hemelen, de aarde en de mensheid, stond de mens toe om de Bijbel te schrijven, zodat Zijn wil en voorziening bekend zouden worden aan allen. Te allen tijde, laat God Zich ook zien aan degenen die Zijn woord geloven en gehoorzamen, en bewijst ons dat Hij levend en almachtig is door de manifestaties van wonderlijke wonderen en tekenen.

We kunnen geloven in de levende God, als we alleen maar naar de schepping kijken (Romeinen 1: 20) en God verheerlijken door antwoorden te ontvangen op onze gebeden, die gepaard gaan met ons geloof in Hem.

Er is "vleselijk geloof" waardoor wij kunnen geloven vanwege onze kennis of gedachten die passend zijn met Gods Woord en er is "geestelijk geloof", het soort van geloof waardoor we Zijn antwoorden kunnen ontvangen. Terwijl datgene wat het Woord van God ons zegt, ongeloofwaardig lijkt, wanneer het gemeten wordt met de kennis en gedachten van mensen, wanneer wij het Hem vragen met geloof in Hem, geeft God ons vertrouwen en een gevoel van zekerheid. Deze elementen geven de vaste vorm aan het antwoord en dat is geestelijk geloof.

Daarom zegt Jakobus 1: 6-8 ons, *"Maar hij moet bidden in geloof, in geen enkel opzicht twijfelende, want wie twijfelt, gelijkt op een golf der zee, die door de wind aangedreven en opgejaagd wordt. Want zulk een mens moet niet menen, dat hij iets van de Here zal ontvangen, innerlijk verdeeld als hij is, ongestadig op al zijn wegen."*

Twijfel komt voort uit de kennis, gedachten, argumenten en aanmatigingen van mensen, en wordt tot ons gebracht door de vijand duivel. Een twijfelend hart is tweeslachtig en listig, en God heeft daar een grote hekel aan. Hoe tragisch zou het zijn als uw kinderen niet geloven, maar eraan zouden twijfelen of u wel hun biologische vader of moeder bent? Evenzo, hoe zou God de gebeden van Zijn kinderen kunnen beantwoorden als zij niet in staat zijn om te geloven dat Hij hun Vader is, ondanks dat Hij hen verdroeg en opvoedde?

Wij worden dus hier herinnert aan het volgende: *"Daarom dat de gezindheid van het vlees vijandschap is tegen God; want het onderwerpt zich niet aan de wet Gods; trouwens, het kan dat ook niet: zij, die in het vlees zijn, kunnen Gode niet behagen"* (Romeinen 8: 7-8), en het spoort ons ook aan *"zodat wij de redeneringen en elke schans, die opgeworpen wordt tegen de kennis van God, slechten, elk bedenksel als krijgsgevangene brengen onder de gehoorzaamheid aan Christus"* (2 Korintiërs 10: 5).

Wanneer ons geloof wordt ontwikkeld tot geestelijk geloof en wij niet twijfelen, zelfs niet een klein beetje, heeft God daar volkomen welgevallen in en geeft ons alles wat we vragen. Toen noch Mozes noch Jozua twijfelden, maar in geloof handelden, konden zij de Rode Zee openen, de Rivier de Jordaan doortrekken, en de muren van Jericho vernietigen. Op dezelfde manier, wanneer u tegen een berg zegt, "Verplaats u vanhier naar de zee" en in uw hart niet twijfelt, maar gelooft dat wat u zegt zal gebeuren, het zal voor u gedaan worden.

Veronderstel dat u tegen de Mount Everest zou zeggen, "Werp jezelf in de Indische Oceaan." Zou u het antwoord op uw gebed ontvangen? Het is vanzelfsprekend dat er een wereldwijde chaos zou volgen als de Mount Everest zich daadwerkelijk in de Indische Oceaan zou werpen. Want dit kan niet en is niet Gods wil, zo'n gebed zal onbeantwoord blijven ongeacht hoeveel u erom bidt, omdat Hij u geen geestelijk geloof zal geven waarmee u in Hem kan geloven. Wanneer u bidt om iets te bereiken wat tegen Gods wil is, zal het soort van geloof waardoor u in uw hart kan geloven niet tot u komen. U gelooft misschien op het eerste zicht dat uw gebed zal worden verhoord, maar terwijl de tijd verstrijkt, begint de twijfel te groeien. Alleen wanneer wij bidden en vragen overeenkomstig de wil van God, zonder ook maar een beetje te twijfelen, zullen wij Zijn antwoord ontvangen. Daarom wanneer uw gebeden nog niet beantwoord zijn, moet u beseffen dat het komt omdat u iets gevraagd hebt dat tegen de wil van God is of omdat u twijfelt aan Zijn Woord.

1 Johannes 3: 21-22 herinnert ons aan het volgende, *"Geliefden, als ons hart ons niet veroordeelt, hebben wij vrijmoedigheid tegenover God, en ontvangen wij van Hem al wat wij bidden, daar wij zijn geboden bewaren en doen wat welgevallig is voor zijn aangezicht"*

Mensen die Gods geboden gehoorzamen en datgene doen wat Hem welgevallig is, vragen niet om dingen die tegen Gods wil ingaan. We kunnen alles ontvangen wat we vragen zolang we maar bidden in overeenstemming met Zijn wil. God zegt ons, *"Alles wat je vraagt en bidt is mogelijk voor je om te ontvangen, en het zal je gegeven worden."*

Daarom, om Gods antwoorden te ontvangen, moeten wij eerst van Hem geestelijk geloof ontvangen, welke Hij aan u geeft, wanneer u handelt en leeft door Zijn Woord. Wanneer u alle argumenten en speculaties vernietigd die opstaan tegen de kennis van God, zullen de twijfels verdwijnen en zult u geestelijk geloof bezitten, en daarbij alles wat u vraagt ontvangen.

## 4. Alle dingen waar u om bidt en vraagt, geloof dat u ze ontvangen hebt

Numeri 23:19 herinnert ons eraan dat, *"God geen man is, dat Hij liegen zou; of een mensenkind, dat Hij berouw zou hebben. Zou Hij zeggen en niet doen, of spreken en niet volbrengen?"*

Wanneer u echt in God gelooft, en vraagt door geloof, zonder enige twijfel, moet u ook geloven dat u alles ontvangen hebt waar u om gevraagd en gebeden hebt. God is almachtig en getrouw en Hij belooft ons om te antwoorden.

Waarom zeggen zoveel mensen dan dat ze gefaald hebben in het ontvangen van Zijn antwoorden, ondanks dat ze baden in geloof? Komt het omdat God hen niet antwoord? Nee. God heeft zeker hun gebed beantwoord, maar het neemt wat tijd omdat ze zichzelf niet hebben voorbereid als waardige vaten om Zijn antwoorden te ontvangen.

Wanneer een boer zaad zaait, gelooft hij ook dat hij vrucht zal oogsten, maar hij kan de vruchten niet onmiddellijk verzamelen. Nadat het zaad gezaaid is, bloeit het, krijgt het bloesem en draagt het vrucht. Sommige zaden hebben langer tijd nodig om vrucht te dragen dan anderen. Evenzo, vereist het proces om antwoorden van God te ontvangen zo'n zaai- en ontwikkelingsproces.

Veronderstel dat sommige studenten hebben gebeden, "Sta mij toe om het Harvard Universiteit binnen te treden en daar te studeren." Wanneer hij met geloof heeft gebeden in Zijn kracht, zal God het gebed van de student zeker beantwoorden. Het antwoord op zijn gebed kan echter niet onmiddellijk komen, God bereidt de student voor om te groeien tot een geschikt vat voor Zijn antwoorden en op een later tijdstip zal Hij het gebed verhoren. God zal hem het hart geven om hard en ijverig te studeren, zodat hij op school zal uitmunten. Wanneer de student blijft bidden, zal God zijn gedachten verwijderen van elke wereldse gedachte en hem wijsheid geven en hem verlichten om op effectievere wijze te studeren. Overeenkomstig de daden van de student, zal God elke zaak in zijn leven beheersen en de student toerusten met de kwalificaties om het Harvard binnen te treden en wanneer de tijd aanbreekt, zal God hem toestaan om het Harvard binnen te gaan.

Dezelfde regel wordt toegepast op mensen die door ziekte worden geraakt. Wanneer zij door Gods Woord leren waar ziekte vandaan komt en hoe zij genezen kunnen worden, zullen zij wanneer zij bidden door geloof, genezing ontvangen. Ze moeten ontdekken dat de muur van zonde tussen hen en

God in staat en tot de bodem van hun bron van ziekte komen. Wanneer de ziekte voorkomt door haat, moeten zij de haat verwerpen en hun hart veranderen tot liefde. Wanneer de ziekte voorkomt uit het teveel eten, moeten zij Gods kracht ontvangen om zelfbeheersing te ontvangen en hun schadelijke gewoonte overwinnen. Alleen door zo'n proces geeft God Zijn volk geloof waardoor zij kunnen geloven en zichzelf kunnen voorbereiden om een geschikt vat te worden om Zijn antwoorden te ontvangen.

Bidden voor voorspoed voor iemands bedrijf is niets anders dan de zaken hierboven. Wanneer u bidt om zegeningen te ontvangen door uw zaken, zal God eerst een test plaatsen zodat u een waardig vat kunt worden om Zijn zegen te ontvangen. Hij zal u wijsheid en kracht geven om de zaken met onderscheidingsvermogen te leiden, zodat uw zaak groter zal groeien, en zodat u geleidt zult worden tot een excellente situatie waarin de zaak kan lopen. Hij zal u leiden tot betrouwbare personen, uw inkomen geleidelijk aan doen toenemen, en uw zaak doen ontwikkelen. Wanneer Zijn aangewezen tijd komt, zal Hij antwoorden net zoals u gebeden hebt.

Door dit zaai- en ontwikkelingsproces, zal God uw ziel leiden tot voorspoed en u in de beproeving brengen om u tot een waardig vat te maken om datgene te ontvangen waar u Hem om hebt gevraagd. Daarom moet u nooit ongeduldig worden door te steunen op uw eigen denken. U moet u daarom aanpassen aan Gods tijdskader en wachten op Zijn tijd, gelovende dat u Zijn antwoorden reeds hebt ontvangen.

De Almachtige God, antwoordt Zijn kinderen, overeenkomstig de wetten van de geestelijke wereld, in Zijn gerechtigheid en heeft er welgevallen in wanneer zij Hem vragen in geloof. Hebreeën 11: 6 herinnert ons aan, *"Maar zonder geloof is het onmogelijk (Hem) welgevallig te zijn. Want wie tot God komt, moet geloven, dat Hij bestaat en een beloner is voor wie Hem ernstig zoeken."*

Ik bid in de naam van onze Heer, dat u God welgevallig zult zijn door het soort van geloof te bezitten waardoor u gelooft dat u reeds alles ontvangen hebt, waar u voor gebeden hebt en grote glorie zult geven aan Hem, door alles te ontvangen waar u om gevraagd hebt!

# Hoofdstuk 3

# Het soort van gebed dat God welgevallig is

En Hij verliet de stad en ging, zoals Hij gewoon was, naar de Olijfberg. En ook zijn discipelen volgden Hem. En toen Hij aan die plaats gekomen was, zeide Hij tot hen: "Bidt, dat gij niet in verzoeking komt."

En Hij zonderde Zich van hen af, ongeveer een steenworp ver, knielde neder en bad deze woorden: "Vader, indien Gij wilt, neem deze beker van Mij weg; doch niet mijn wil, maar de uwe geschiede!" En Hem verscheen een engel uit de hemel om Hem kracht te geven. En Hij werd dodelijk beangst en bad des te vuriger. En zijn zweet werd als bloeddruppels, die op de aarde vielen.

(Lucas 22:39-44)

## 1. Jezus gaf een voorbeeld van gepast bidden

Lucas 22: 39-44 beeld een scène uit waarin Jezus bad in Getsemane, de nacht voordat hij het kruis droeg om de weg tot redding te openen voor de gehele mensheid. Deze verzen laten ons vele aspecten zien over het soort van houding en hart dat wij zouden moeten hebben wanneer wij bidden.

Hoe bad Jezus zodat Hij niet alleen het zware kruis kon dragen, maar ook de vijand duivel overwon? Wat voor soort hart had Jezus toen Hij bad zodat God welgevallen had in Zijn gebed en een engel uit de hemel kwam om Hem te bekrachtigen?

Laat ons gebaseerd op deze verzen, eens kijken naar de gepaste houding om te bidden en het soort van gebed waarin God welgevallen heeft, en ik spoor u aan om uw eigen gebedsleven te onderzoeken.

### 1) Jezus bad doorgaans

God vertelt ons om onophoudelijk te bidden (1 Tessalonicenzen 5: 17) en beloofde ons om datgene te geven wanneer wij Hem vragen (Mattheüs 7: 7). Ondanks dat het goed is om voortdurend te bidden en altijd te vragen, bidden de meeste mensen alleen maar wanneer ze iets willen of problemen hebben.

En toch kwam Jezus naar buiten en ging zoals gebruikelijk bidden op de Olijfberg (Lucas 22: 39). De profeet Daniel bleef voortdurend geknield bidden, gedurende drie keer per dag, en bracht dank aan Zijn God, zoals hij daarvoor ook had gedaan (Daniel 6: 10), en twee van Jezus' discipelen, Petrus en Johannes zetten elke dag, een bepaalde tijd apart om te bidden (Handelingen 3: 1).

We moeten Jezus' voorbeeld volgen en een houding ontwikkelen om een specifieke tijd apart te zetten en voortdurend te bidden elke dag. God heeft vooral welgevallen in mensen die 's morgens vroeg bidden, waarmee zij alles aan God toewijden, vanaf het begin van de dag en in het nachtgebed waarmee zij God op het einde van de dag, danken voor Zijn bescherming gedurende de dag. Door deze gebeden, kunt u Zijn grotere kracht ontvangen.

### 2) Jezus knielde neer om te bidden

Wanneer u neerknielt, staat het hart waarmee u bidt in oprechtheid en toont u eerbied aan de mensen waarmee u spreekt. Het is alleen natuurlijk voor iemand die tot God bidt om neer te knielen wanneer hij bidt.

Jezus, de Zoon van God bad met een nederige houding toen Hij neerknielde om te bidden tot de almachtige God. Koning Salomon (1 Koningen 8: 54), de apostel Paulus (Handelingen 20: 36), en de diaken Stefanus, die als martelaar stierf (Handelingen 7: 60) knielden neer wanneer zij baden.

Wanneer wij onze ouders of iemand met autoriteit om een

gunst vragen of iets dat wij verlangen, worden wij nerveus en nemen voorzorgsmaatregel om te voorkomen dat we fouten maken. Hoe zouden we dan met slordigheid in denken en lichaam kunnen verschijnen, als we weten dat we met God de Schepper spreken? Neerknielen is een uitdrukking van uw hart, dat God vereert en in Zijn kracht vertrouwt. We moeten onszelf reinigen en nederig neerknielen wanneer wij bidden.

### 3) Jezus' gebed was in overeenstemming met de wil van God

Jezus bad tot God, *"doch niet mijn wil, maar de uwe geschiede"* (Lucas 22:42). Jezus, de Zoon van God kwam naar de aarde om te sterven aan een houten kruis, ondanks dat Hij zonder zonde en onberispelijk was. Dat is de reden waarom Hij bad, *"Vader, indien Gij wilt, neem deze beker van Mij weg."* Maar Hij kende de wil van God, die de hele mensheid wilde redden door één individu, en bad niet voor Zijn eigen goed, maar enkel overeenkomstig de wil van God.

1 Korintiërs 10: 31 zegt ons, *"Of gij dus eet of drinkt, of wat ook doet, doet het alles ter ere Gods"*. Wanneer wij iets vragen dat niet tot eer van God is, maar een begeerte, dan kunnen wij geen gepast verzoek maken; we moeten enkel bidden naar de wil van God. Bovendien, vertelt God ons om datgene wat in Jakobus 4: 2-3 staat te herinneren, *"Gij begeert, doch gij hebt niet; gij zijt moorddadig en naijverig en gij kunt er niets mede*

*verkrijgen; gij vecht en gij strijdt. Gij hebt niets, omdat gij niet bidt. (Of,) gij bidt wel, maar gij ontvangt niet, doordat gij verkeerd bidt, om het in uw hartstochten door te brengen."* Dus we moeten kijken of we al dan niet slechts bidden voor ons eigen welzijn.

### 4) Jezus worstelde in gebed

In Lucas 22: 44, kunnen we zien hoe oprecht Jezus bad. *"En Hij werd dodelijk beangst en bad des te vuriger. En zijn zweet werd als bloeddruppels, die op de aarde vielen."* Het klimaat in Getsemane waar Jezus bad, kon 's nachts afkoelen, dus het is heel moeilijk om zelfs te zweten. Kunt u zich nu voorstellen hoeveel Jezus Zich inspande in oprechtheid en ernstig gebed dat Zijn zweet zelfs bloeddruppels werden die op de grond vielen? Als Jezus in stilte had gebeden, zou Hij dan zo ernstig gebeden hebben dat Hij zweette? Terwijl Jezus het uitriep in gebed tot God met passie en ernst, werd Zijn zweet gelijk "bloeddruppels die op de grond vielen."

In Genesis 3: 17 zegt God tegen Adam, *"Omdat gij naar uw vrouw hebt geluisterd en van de boom gegeten, waarvan Ik u geboden had: Gij zult daarvan niet eten, is de aardbodem om uwentwil vervloekt; al zwoegende zult gij daarvan eten zolang gij leeft."* Voordat de mens werd vervloekt, leefde hij een leven in overvloed met alles waar God in had voorzien voor hem. Maar toen de zonde in hem kwam, door de ongehoorzaamheid aan God, werd zijn communicatie met zijn Schepper beëindigd, en kon hij slechts door hard zwoegen eten voortbrengen. Als datgene wat mogelijk is voor ons, kan worden bereikt door pijnlijke harde arbeid, wat moeten we dan doen wanneer wij God om iets vragen dat wij zelf niet kunnen doen? Herinner alstublieft dat enkel door het uitroepen tot God in gebed, harde arbeid, en zweten wij datgene kunnen verkrijgen wat we van God verlangen. Bovendien, herinner u hoe God ons vertelde dat pijnlijke harde arbeid en pogingen noodzakelijk zijn om vrucht te dragen en hoe Jezus Zelf ernstig worstelde en zich inspande in gebed. Herinner dit, doe precies zoals Jezus deed, en bidt op een manier die welgevallig is voor God.

We hebben tot zoverre onderzocht hoe Jezus, die een geschikt voorbeeld van gebed plaatste, bad. Wanneer Jezus, Die alle autoriteit bezat, bad tot een mate om een voorbeeld te plaatsen, met wat voor soort houding zouden wij, Gods schepping, moeten bidden? De uiterlijke verschijning en de houding van iemands gebed drukken zijn hart uit. Daarom kan het soort van hart waarmee we bidden even belangrijk zijn als de houding waarmee wij bidden.

## 2. De belangrijkste zaken voor het soort van gebed waarin God welgevallen heeft

## 42 · WAAKT EN BIDT

Met wat voor soort hart zouden wij moeten bidden, zodat het welgevallig is voor God en Hij ons gebed zal verhoren?

**1) U moet met uw hele hart bidden**

We hebben geleerd door de manier waarop Jezus bad, dat gebed vanuit iemands hart zijn oorsprong vindt in de houding waarmee hij tot God bidt. We kunnen aan de hand van de houding vertellen, met wat voor soort hart iemand bidt.

Kijk eens naar het gebed van Jakob in Genesis 32. Met de Jabbok rivier voor zich, bevond Jakob zichzelf in een moeilijke positie. Jakob kon niet terugkeren, omdat hij een afspraak had gemaakt met zijn oom Laban, dat hij de grens, genaamd Galled niet zou oversteken. Hij kon ook niet de Jabbok oversteken, waar aan de andere kant zijn broer Esau met vierhonderd mannen stond te wachten om Jakob gevangen te nemen. Het was zo'n wanhopige tijd, toen Jakobs trots en ego waarop hij had gesteund, volkomen vernietigd waren, besefte Jakob uiteindelijk dat alleen wanneer hij alles aan God zou overgeven, en Zijn hart zou bewegen, zijn problemen konden worden opgelost. Terwijl Jakob in gebed worstelde tot het punt dat zijn heupgewricht brak, ontving hij uiteindelijk Gods antwoord. Jakob was in staat om Gods hart te bewegen en verzoende zich met zijn broeder, die op hem had staan wachten om met hem af te rekenen.

Kijk eens dieper naar 1 Koningen 18 waarin de Profeet Elia Gods "vurige antwoord" ontving en grote glorie aan God gaf. Wanneer afgoderij gedaan werd tijdens de regering van koning Achab, streed Elia zonder hulp van anderen tegen de 450 Baal profeten en versloeg hen door het antwoord van God neer te brengen voor de Israëlieten en bracht getuigenis voort van de levende God.

Dit was de tijd toen Achab dacht dat de profeet Elia de oorzaak was van drie-en-een half jaar droogte die over Israël was gekomen, en hij was op zoek naar de profeet. Toen God Elia echter beval om naar Achab te gaan, gehoorzaamde de profeet onmiddellijk. Toen de profeet voor de koning verscheen, die hem probeerde te doden, sprak hij vrijmoedig datgene wat God tot hem had gesproken en keerde alles met gebed van geloof om, zonder enige twijfel, en een werk van bekering kwam voort onder de mensen die afgoden hadden aanbeden, terwijl ze terug keerden tot God. Bovendien, boog Elia zich neer tot de aarde en plaatste zijn hoofd tussen zijn knieën toen hij ernstig bad dat God Zijn werk zou laten zien op de aarde, en een einde zou brengen aan de droogte die het land voor drie-en-een half jaar had gekweld (1 Koningen 18: 42).

Onze God herinnert ons in Ezechiël 36: 36-37, *"Ik, de Here, heb het gesproken en Ik zal het doen. Ook dit zal Ik Mij door het huis Israëls laten afsmeken om hun te doen."*

Met andere woorden, ondanks dat God een hevige regen had beloofd aan Elia over Israël, kon de hevige regen niet vallen zonder Elia's ernstige gebed van zijn hart. Gebed van ons hart kan werkelijk God bewegen en indruk maken, zodat Hij ons onmiddellijk zal antwoorden, en ons zal toestaan om alle glorie aan Hem te geven.

## 2) U moet het uitroepen tot God in gebed

God belooft ons dat Hij naar ons zal luisteren en ons zal ontmoeten wanneer wij Hem aanroepen, tot Hem komen en bidden en Hem zoeken met ons hele hart (Jeremia 29: 12-13; Spreuken 8: 17). In Jeremia 33: 3 belooft Hij ons ook, *"Roep tot Mij en Ik zal u antwoorden en u grote, ondoorgrondelijke dingen verkondigen, waarvan gij niet weet."* De reden waarom God ons vertelt om het tot Hem uit te roepen in gebed, is omdat wanneer wij tot Hem roepen in gebed met een luide stem, we dan in staat zijn om met ons hele hart te bidden. Met andere woorden, wanneer wij het in gebed uitroepen, zullen wij vrij zijn van wereldse gedachten, vermoeidheid, en slaperigheid en onze eigen gedachten zullen geen plaats vinden in ons denken.

En toch, geloven en onderwijzen vele kerken hun gemeente dat ze stil moeten zijn in de heiligdommen omdat dat "goddelijk" en "heilig" is. Wanneer sommige broeders het tot God uitroepen met luide stem, denkt de rest van de gemeente al spoedig dat het ongepast is en veroordelen zelfs zo'n mensen als ketters. Dat wordt veroorzaakt omdat ze Gods Woord en Zijn wil niet kennen.

De Eerste gemeenten, die grote getuigen waren van de manifestaties van Gods kracht en opwekking, konden God behagen in de volheid van de Heilige Geest, terwijl zij hun stemmen voor God verhieven in eenheid (Handelingen 4: 24). Zelfs vandaag, kunnen we zien hoe talloze wonderlijke tekenen en wonderen worden getoond en hoe er grote opwekkingen worden ervaren in de kerken die het met luide stem uitroepen tot God en volgen en leven naar Gods wil.

"Uitroepen tot God" verwijst naar het bidden tot God met een ernstig gebed en een verheven stem. Door zo'n gebed, kunnen broeders en zusters in Christus worden vervuld met de Heilige Geest, en terwijl de verstorende machten van de vijand duivel worden verdreven, kunnen zij antwoorden ontvangen op hun gebeden en geestelijke gaven.

In de Bijbel zijn talloze verslagen van voorbeelden waarin Jezus en vele voorvaders van geloof het uitriepen tot God met een luide stem en antwoorden van Hem ontvingen.

Laat ons eens een paar voorbeelden onderzoeken vanuit het Oude Testament.

In Exodus 15:22-25 is er een tafereel waarin de Israëlieten, nadat ze eerder Egypte hadden verlaten, net veilig waren aangekomen aan de andere kant van de Rode Zee, nadat Mozes deze met geloof had geopend. Toen Israëls geloof nog klein was, klaagden ze echter tegen Mozes wanneer zij niets konden vinden om te drinken, terwijl zij de Woestijn van Sur doortrokken. Toen Mozes het "uitriep" tot God, werd het bittere water van Mara zoet.

In Numeri 12 is er een tafereel waarin de zuster van Mozes melaats werd, nadat zij ongunstig over Mozes sprak. Toen Mozes het uitriep tot God, zeggende, "O God, ik bid, genees haar!" genas God Mirjam van haar melaatsheid.

In 1 Samuel 7: 9 lezen we, *"Toen nam Samuël een melklam en offerde het in zijn geheel de Here tot een brandoffer. En toen Samuël voor Israël tot de Here riep, antwoordde de Here hem."*

In 1 Koningen 17 staat een verhaal van een weduwe in Zarafat, die gastvrijheid betoonde aan Elia, de dienstknecht van God. Toen haar zoon ziek werd en stierf, riep Elia het uit tot God en zei, *Here, mijn God! Laat toch de ziel van dit kind in hem terugkeren."* God hoorde de stem van Elia, en het leven van het kind kwam terug in hem en hij stond op (12 koningen 17: 21-22). Toen God Elia's roep hoorde, zien we dat God het gebed van de profeet verhoorde.

Jona, die ingeslikt werd door een grote vis en opgesloten zat, omdat hij ongehoorzaam was aan God, ontving ook redding toen hij het uitriep tot God in gebed. In Jona 2: 2 kunnen we zien dat toen hij bad, *"Ik riep uit mijn nood tot de Here en Hij antwoordde mij; uit de schoot van het dodenrijk schreeuwde ik, Gij hoordet mijn stem."* God zijn roep hoorde en hem redde.

Ongeacht hoe een situatie kan zijn waarin wij ons bevinden, en misschien net zo schrijnend en benauwend kan zijn als die van Jona, zal God ons de verlangens van ons hart geven, ons antwoorden, en ons oplossingen geven voor de problemen, als we ons bekeren van onze wandaden in Zijn ogen en het uitroepen tot Hem. Het Nieuwe Testament is ook gevuld met taferelen waarin mensen het uitriepen tot God.

In Johannes 11: 43-44, zien we terug hoe Jezus het met luide stem uitriep, *"Lazarus, kom naar buiten!"* De gestorvene kwam naar buiten, de voeten en de handen gebonden met grafdoeken, en er was een zweetdoek om zijn gelaat gebonden. Het had voor de gestorven Lazarus geen verschil uitgemaakt of Jezus nu wel of niet met een luide stem riep tot God. Jezus bracht Lazarus, wiens lichaam voor 4 dagen in het graf was, weer tot leven door Zijn gebed, overeenkomstig de Wil van God en liet Gods glorie zien.

Marcus 10: 46-52 vertelt ons over de genezing van de blinde bedelaar, genaamd Bartimeüs:

> *"En toen Hij met zijn discipelen en een talrijke schare uit Jericho vertrok, zat de zoon van Timeüs, Bartimeüs, een blinde bedelaar, aan de weg. En toen hij hoorde, dat het Jezus van Nazaret was, begon hij te roepen en te zeggen: Zoon van David, Jezus, heb medelijden met mij! En velen bestraften hem, opdat hij zwijgen zou. Doch hij*

*riep des te meer: Zoon van David, heb medelijden met mij! En Jezus stond stil en zeide: Roept hem. En zij riepen de blinde en zeiden tot hem: Houd moed, sta op, Hij roept u. Toen wierp hij zijn mantel af, sprong op en ging naar Jezus. En Jezus antwoordde en zeide tot hem: Wat wilt gij, dat Ik u doen zal? De blinde zeide tot Hem: Rabboeni, dat ik ziende worde! En Jezus zeide tot hem: Ga heen, uw geloof heeft u behouden. En terstond werd hij ziende en volgde Hem op de weg."*

In Handelingen 7: 59-60, terwijl de diaken Stefanus gestenigd werd als martelaar, riep hij het uit tot de Here en zei, *"Here Jezus ontvang mijn geest!"* En op de knieën vallende, riep hij met luider stem: *"Here, reken hun deze zonde niet toe!"*

En zoals er geschreven staat in Handelingen 4: 23-24; 31, *"En toen zij vrijgelaten waren, gingen zij naar de hunnen en deelden hun mede al wat de overpriesters en oudsten tot hen gezegd hadden. En toen dezen het hoorden, verhieven zij eenparig hun stem tot God. En terwijl zij baden, werd de plaats, waar zij vergaderd waren, bewogen; en zij werden allen vervuld met de heilige Geest en spraken het woord Gods met vrijmoedigheid."*

Wanneer u het uitroept tot God, kunt u een echte getuige van Jezus Christus zijn, en de kracht van de Heilige Geest laten zien.

God zei ons dat we het uit moeten roepen tot Hem zelfs

wanneer wij vasten. Wanneer we de meeste tijd van het vasten spenderen aan slapen omdat we moe zijn, zullen wij geen antwoorden van God ontvangen. God belooft ons in Jesaja 58: 9, *"Als gij dan roept, zal de Here antwoorden; als gij om hulp roept, zal Hij zeggen: Hier ben Ik.'"* Overeenkomstig Zijn belofte, zal er genade en kracht op ons neerdalen van boven, als wij het uitroepen wanneer wij vasten, en zullen wij overwinnen en Gods antwoorden ontvangen.

Met de "gelijkenis van de onrechtvaardige rechter", vraagt Jezus ons retorisch, *"Zal God dan zijn uitverkorenen geen recht verschaffen, die dag en nacht tot Hem roepen, en laat Hij hen wachten"* en vertelde ons om het uit te roepen in gebed (Lucas 18: 1-8).

Daarom vertelt Jezus ons in Mattheüs 5: 18, *"Want voorwaar, Ik zeg u: Eer de hemel en de aarde vergaat, zal er niet één jota of één tittel vergaan van de wet, eer alles zal zijn geschied,"* wanneer Gods kinderen bidden, is het heel gewoon voor hen om het uit te roepen in gebed. Dit is Gods gebod. Want Zijn wet schrijft ons voor dat wanneer we de vrucht van onze arbeid kunnen eten, we Gods antwoorden kunnen ontvangen, wanneer we het uitroepen tot Hem.

Sommige mensen hebben misschien een weerwoord, gebaseerd op hun beweringen op Mattheüs 6: 6-8, en vragen, "Moeten we het uitroepen tot God, wanneer Hij reeds weet wat we nodig hebben, voordat we het vragen?" of "Waarom zouden we het uitroepen, wanneer Jezus tegen ons zei om te bidden in de binnenkamer?" En toch, vinden we nergens in de Bijbel Schriftgedeeltes terug die verwijzen naar mensen die in het geheim baden in de comfort van hun kamers. De ware betekenis van Mattheüs 6: 6-8, spoort ons aan om te bidden met heel ons hart. Ga in uw binnenkamer en sluit de deur achter u. Als u in een kamer zou zijn die privé was en stil met een gesloten deur, zou u dan niet afgesloten zijn van contact met de buitenwereld? Net zoals we afgesloten zijn van de buitenwereld, met onze eigen kamerdeur gesloten, vertelt Jezus ons in Mattheüs 6: 6-8 om onszelf af te sluiten van onze gedachten, wereldse gedachten, zorgen, wanhoop, en dergelijke, en dat we moeten bidden met ons hele hart.

Bovendien, vertelde Jezus dit verhaal als een les aan de mensen om te weten dat God niet luistert naar het gebed van de Farizeeërs en priesters, die in Jezus' tijd met luide stem baden om geprezen en gezien te worden door anderen. We behoren niet zo trots te worden over hoeveel wij bidden. We moeten in plaats daarvan met heel ons hart worstelen in ons gebed tot Hem, die onze harten en denken doorzoekt, want de Almachtige weet alles wat we nodig hebben en willen, en Hij is Degene die ons "alles in allen is."

Het is heel moeilijk om met heel ons hart te bidden in stilte. Probeer eens te bidden door 's nachts te mediteren met gesloten ogen. U zult ontdekken dat u moet strijden tegen de slaap en wereldse gedachten, in plaats van te bidden. Wanneer u uitgeput raakt van het vechten tegen uw slaap, zult u in slaap vallen voordat u het opmerkt.

In plaats van te bidden in de stilte van een stille kamer, *"ging Hij [Jezus] naar het gebergte om te bidden, en Hij bracht de nacht door in het gebed tot God"* (Lucas 6: 12) en *"En vroeg, nog diep in de nacht, stond Hij op en ging naar buiten en Hij ging heen naar een eenzame plaats en bad aldaar"* (Marcus 1: 35). In zijn bovenkamer, had de profeet Daniel de ramen openstaan richting Jeruzalem, en hij bleef voortdurend drie keer per dag bidden en dank geven aan zijn God (Daniel 6: 10). Petrus ging op het dak om te bidden (Handelingen 10: 9), en de apostel Paulus ging buiten de poorten aan de oever van de rivier bidden, waar hij verwachtte dat er een gebedsplaats zou zijn, terwijl hij in Fillipi verbleef (Handelingen 16: 13;16). Deze mensen benoemden specifieke plaatsen van gebed, omdat ze met hun hele hart wilden bidden. U moet op zo'n manier bidden dat uw gebed de machten de vijand duivel, de heerser van het konikrijk van de lucht kan doordringen en dat ze gebracht kunnen worden voor de troon van God. Alleen dan zullen wij vervuld worden met de Heilige Geest, zullen uw verzoekingen verdreven worden, en zult u antwoorden ontvangen op al uw grote en kleine problemen.

## 3) Uw gebed moet een doel hebben

Sommige mensen planten misschien bomen om goed hout te krijgen. Anderen planten misschien bomen voor de vruchten. En weer anderen planten misschien bomen om het hout te gebruiken om een mooie tuin te maken. Wanneer iemand een boom plant zonder een specifiek doel, voordat de jonge bomen groot en oud zijn, negeert hij die bomen misschien, omdat hij te druk bezig is met zijn ander werk.

Het hebben van een duidelijk doel zal bij elke poging aangevuurd worden om ernaar te streven en zal snellere en betere resultaten en successen voortbrengen. Zonder een duidelijk doel, kan een poging echter niet standhouden, zelfs niet bij het kleinste obstakel omdat er zonder richting, alleen maar twijfels en berusting is.

We moeten een duidelijk doel hebben wanneer we tot God bidden. We hebben de belofte ontvangen dat we alles, wat wij vragen, van God kunnen krijgen, als wij vrijmoedig voor Hem komen (1 Johannes 3: 21-22), en wanneer het doel van ons gebed duidelijk is, zullen wij in staat zijn om vuriger te bidden met groot doorzettingsvermogen. Onze God zal alles voor ons voorzien, wanneer Hij ziet dat er niets in ons hart is wat ons veroordeeld. We moeten altijd herinneren wat het doel van ons gebed is en te allen tijde in staat zijn om te bidden op de wijze die welgevallig voor God is.

### 4) U moet door geloof bidden

Want de mate van geloof verschilt per persoon, elk persoon zal antwoorden van God ontvangen overeenkomstig zijn of haar geloof. Wanneer mensen eerst Jezus Christus aannemen en hun harten openen, komt de Heilige Geest in hen wonen en verzegeld God hen als Zijn kinderen. Dat gebeurt wanneer zij geloof hebben als een mosterdzaadje.

Wanneer zij de Dag van de Here heiligen en blijven bidden, ernaar streven om Gods geboden te bewaren, en door Zijn Woord te leven, zal hun geloof groeien. Wanneer zij echter beproevingen en lijden tegenkomen voordat zij standvastig op de rots van geloof staan, kunnen zij de kracht van God betwijfelen en op bepaalde momenten ontmoedigd raken. Eens zij echter op de rots van geloof staan, zullen zij in geen enkele omstandigheid vallen, maar op God kijken met geloof en blijven bidden. God ziet zo'n geloof, en Hij zal het ten goede uitwerken voor degenen die Hem liefhebben.

Terwijl zij gebed op gebed bouwen, zullen zij met de kracht van boven vechten tegen de zonde en op onze Heer gelijken. Ze zullen een duidelijk idee hebben van de wil van onze Heer en het gehoorzamen. Dit is het geloof dat welgevallig is voor God en ze zullen alles ontvangen wat zij vragen. Wanneer mensen op dit niveau van geloof komen, zullen zij de belofte ervaren die we terugvinden in Marcus 16: 17-18, zeggende, *"Als tekenen zullen deze dingen de gelovigen volgen: in mijn naam zullen zij boze geesten uitdrijven, in nieuwe tongen zullen zij spreken, slangen zullen zij opnemen, en zelfs indien zij iets dodelijks drinken, zal het hun geen schade doen; op zieken zullen zij de handen leggen en zij zullen genezen worden."* Mensen met groot geloof zullen antwoorden ontvangen overeenkomstig hun geloof, en mensen met een klein geloof zullen ook antwoorden ontvangen overeenkomstig hun geloof.

Er bestaat "zelfgericht geloof" welke u uit uzelf verkrijgt, en "God-gegeven geloof". "Zelfgericht geloof" is niet in overeenstemming met iemands daden, maar God-gegeven geloof is geestelijk geloof dat altijd samengaat met daden. De Bijbel vertelt ons dat geloof de zekerheid der dingen is waar men op hoopt (Hebreeën 11: 1), maar "zelfgericht geloof" wordt geen zekerheid. Zelfs wanneer iemand het geloof zou bezitten om de Rode Zee te openen, en een berg te verplaatsen, met het "zelfgerichte geloof", heeft hij geen zekerheid van Gods antwoorden.

God geeft ons "levend geloof" dat gepaard gaat met daden, wanneer wij overeenkomstig ons eigen geloof in Hem gehoorzamen, ons geloof laten zien door daden en gebed. Wanneer we Hem het geloof laten zien dat we reeds bezitten, zal dat geloof zich verenigen met "levend geloof" welke Hij aan ons geeft, wat dan in groot geloof veranderd waardoor we Gods antwoorden kunnen ontvangen, zonder enige vertraging. Soms ervaren mensen de niet te weigeren zekerheid van Zijn antwoord. Dit is het geloof dat aan hen gegeven wordt door God en wanneer mensen zo'n geloof bezitten, hebben zij reeds hun antwoorden ontvangen.

Daarom, zonder ook maar een beetje te twijfelen, moeten we ons vertrouwen plaatsen in de belofte die Jezus ons geeft in Marcus 11: 24, *"Daarom zeg Ik u, al wat gij bidt en begeert, gelooft, dat gij het hebt ontvangen, en het zal geschieden"* En we moeten bidden totdat we zeker zijn van Gods antwoorden en alles hebben ontvangen waar wij om gebeden hebben (Mattheüs 21: 22).

### 5) U moet bidden in liefde

Hebreeën 11: 6 zegt ons, *"Maar zonder geloof is het onmogelijk (Hem) welgevallig te zijn. Want wie tot God komt, moet geloven, dat Hij bestaat en een beloner is voor wie Hem ernstig zoeken.."* Als wij geloven dat al onze gebeden zullen worden beantwoord en verzameld als hemelse beloningen, dan zouden wij niet moe moeten worden om te bidden of het moeilijk vinden.

Net zoals Jezus in gebed worstelde om leven aan de mensheid te geven, als wij met liefde bidden voor andere zielen, kunnen wij ook ernstig bidden. Als u kunt bidden met oprechte liefde voor anderen, betekent dat dat u in staat bent om uzelf in de plaats van anderen te stellen en hun problemen te zien als uw eigen, en daarbij gaat u des te meer bidden.

Bijvoorbeeld, veronderstel dat u bidt voor de opbouw van het gebouw van uw kerk. U moet bidden met hetzelfde hart waarmee u zou bidden voor de opbouw van uw eigen huis. Net zoals u tot in detail zou vragen om het land, de werkers, materialen en dergelijke voor uw eigen huis, moet u elk element en factor die nodig zijn voor de opbouw van het heiligdom tot in detail vragen. Wanneer u voor een patiënt bidt, moet u uzelf in zijn plaats stellen en worstelen in gebed met uw hele hart alsof zijn pijn en lijden van uzelf waren.

Om Gods wil te bereiken, knielde Jezus gebruikelijk neer en worstelde in gebed in Zijn liefde voor God en Zijn liefde voor de hele mensheid. Als gevolg, werd het pad van redding geopend en iedereen die Jezus Christus aanneemt kan nu vergeven worden van zijn zonden en genieten van de autoriteit die hij krijgt als een kind van God.

Gebaseerd op de wijze waarop Jezus bad en het soort van gebed dat laat zien waarin God welgevallen heeft, moeten wij onze houding en hart onderzoeken, bidden met een houding en een hart dat welgevallig voor God is, en van Hem alles ontvangen waar wij om vragen in gebed.

# Hoofdstuk 4

## Opdat u niet in verzoeking valt

En Hij [Jezus] kwam bij zijn discipelen
en vond hen slapende,
en Hij zeide tot Petrus:
"Waart gijlieden zo weinig bij machte
één uur met Mij te waken?
Waakt en bidt, dat gij niet in verzoeking komt;
de geest is wel gewillig,
maar het vlees is zwak."

(Mattheüs 26: 40-41)

## 1. Gebedsleven: de adem van onze geest

Onze God is levend, controleert het leven, de dood, vloek en zegen, en liefde, gerechtigheid en goedheid van de mensen. Hij wil niet dat Zijn kinderen in de verzoeking vervallen of lijden moeten ondergaan, maar dat zij levens leiden die gevuld zijn met zegeningen. Dat is de reden waarom Hij de Heilige Geest, de Trooster naar de aarde zond, die Zijn kinderen zou helpen om de wereld te overwinnen, de vijand duivel te verdrijven, gezonde en gelukkige levens te leiden en redding te ontvangen.

God belooft ons in Jeremia 29: 11-12, *"Want Ik weet, welke gedachten Ik over u koester, luidt het woord des Heren, gedachten van vrede en niet van onheil, om u een hoopvolle toekomst te geven. Dan zult gij Mij aanroepen en heengaan en tot Mij bidden, en Ik zal naar u horen"*

Wanneer wij dit leven in vrede en hoop willen leven, moeten wij bidden. Wanneer wij voortdurend bidden tijdens ons leven in Christus, zullen wij niet worden verzocht, zal onze ziel voorspoedig zijn, wat "onmogelijk lijkt" zal veranderen in "mogelijkheid", elke zaak in het leven zal goed gaan en we zullen genieten van een goede gezondheid. En toch, als Gods kinderen niet bidden, sluipt de vijand duivel rond als een brullende leeuw, zoekende wie hij kan verslinden, en zullen wij verzoekingen en rampen tegenkomen.

Net zoals het leven vervalt als wij niet elke dag ademen, kan de belangrijkheid van gebed in het leven van Gods kinderen niet genoeg worden benadrukt. Dat is de reden waarom God ons beveelt om onophoudelijk te bidden (1 Thessalonicenzen 5: 17), ons herinnert dat niet bidden zonde is (1 Samuel 12: 23), en ons leert om te bidden zodat we niet in verzoeking vallen (Mattheüs 26: 41).

Nieuwe gelovigen, die net Jezus Christus hebben aangenomen voor de eerste keer, hebben de neiging om bidden moeilijk te vinden, omdat ze niet weten hoe te bidden. Onze dode geest wordt herboren wanneer we Jezus Christus aannemen en de Heilige Geest ontvangen. De geestelijke conditie op dat moment is dat van een kind; het is moeilijk om te bidden.

Wanneer zij echter niet opgeven, maar blijven bidden en het Woord Gods tot brood maken, zullen hun geesten worden versterkt en zal hun gebed sterker worden. Net zoals mensen niet kunnen leven zonder te ademen, komen zij tot het besef dat zij niet kunnen leven zonder te bidden.

Tijdens mijn kinderjaren, waren er kinderen die tegen elkaar streden om te zien wie het langst zijn adem kon inhouden. Twee kinderen per keer, stonden naar elkaar gericht en namen een diepe ademhaling. Wanneer een ander kind zei "klaar" ademden de twee kinderen zoveel mogelijk lucht in. Wanneer de "scheidsrechter" schreeuwde: "Start!" hielden de twee kinderen met gezichtsuitdrukkingen hun adem in.

Eerst, is het niet moeilijk om de adem in te houden. Wanneer de tijd verder gaat, voelen de kinderen zich benauwd terwijl hun gezichten rood worden. Uiteindelijk, zijn ze niet langer in staat om hun adem nog in te houden en worden ze gedwongen om uit te ademen. Niemand kan leven, als zijn ademhaling stopt.

Het is hetzelfde met gebed. Wanneer een geestelijk persoon stopt met bidden, merkt hij in eerste instantie geen verschil. Maar terwijl de tijd verstrijkt, begint zijn hart ontevreden en gekweld te voelen. Als wij zijn geest zouden kunnen zien met onze ogen, dan zal die geest bijna verstikt zijn. Als hij beseft dat dit alles komt omdat hij gestopt is met bidden en opnieuw begint te bidden, kan hij opnieuw een normaal leven leiden in Christus. Maar als hij blijft zondigen door niet te bidden, zal zijn hart ellendig en wanhopig zijn, en hij zal in vele aspecten in zijn leven ervaren dat het verkeerd gaat.

"Even pauzeren" van gebed is niet de wil van God. Net zoals we naar adem snakken totdat onze ademhaling weer normaal is, is het terugkeren naar het normale gebedsleven zoals in het verleden heel moeilijk en het kost veel meer tijd. Des te langer de "pauze" heeft geduurd, des te langer het duurt, eer het gebedsleven is gerecupereerd.

Mensen die beseffen dat gebed de adem van hun geest is, vinden gebed geen zware inspanning. Als ze gebruikelijk gebeden hebben, zoals zij in- en uitademen, in plaats van gebed moeilijk of inspannend te vinden, worden zij vredevoller, gevuld met meer hoop en vreugdevoller in het leven dan wanneer ze niet bidden. Dat komt omdat ze antwoorden van God ontvangen en Hem zo vaak ze bidden, verheerlijken.

## 2. Redenen waarom verzoekingen komen wanneer mensen niet bidden

Jezus plaatste een voorbeeld van gebed voor ons en vertelde Zijn discipelen dat ze moesten waken en bidden opdat ze niet in de verzoeking zouden vallen (Mattheüs 26: 41). Omgekeerd, betekent dit dat wanneer wij niet aanhoudend bidden, we in de verzoeking vallen. Waarom komt er dan verzoeking op de weg van de mensen die niet bidden?

God schiep de eerste mens, Adam, maakte hem een levend wezen en stond hem toe om met God, die Geest is te communiceren. Nadat Adam van de boom van kennis van goed en kwaad at en ongehoorzaam was aan God, stierf de geest van Adam, zijn communicatie met God werd beschadigd, en hij werd uit de Hof van Eden verdreven. Terwijl de vijand duivel, de heerser van het koninkrijk van de lucht, de kans greep om de mens te beheersen die niet langer met God, die Geest is, konden communiceren, werd de mens geleidelijk aan en steeds meer doorweekt met zonde.

Want het loon voor de zonde is de dood (Romeinen 6: 23), God openbaarde Zijn voorziening van redding door Jezus Christus voor de mensheid, die bestemd waren om te sterven. God verzegelt iedereen die Jezus aanneemt als zijn Redder, belijdt dat hij een zondaar is, en zich bekeerd, als Zijn kinderen, en als een bewijs van zekerheid geeft God hem de Heilige Geest.

De Heilige Geest, de Trooster door God gezonden om de wereld te overtuigen van schuld met betrekking tot zonde en gerechtigheid en oordeel (Johannes 16: 8), doet voorbede voor ons met gekreun dat niet kan worden uitgedrukt met woorden (Romeinen 8: 26), en stelt ons in staat om de wereld te overwinnen.

Om gevuld te worden met de Heilige Geest en Zijn leiding te ontvangen, is gebed absoluut noodzakelijk. Alleen wanneer wij bidden zal de Heilige Geest tot ons spreken, onze harten en gedachten bewegen, ons waarschuwen voor verzoekingen, en ons helpen om die verzoekingen te overwinnen, zelfs wanneer ze op ons pad komen.

Zonder gebed is er echter geen mogelijkheid om de wil van God te onderscheiden van de wil van mensen. In de navolging van wereldse verlangens, zullen mensen zonder een gebruikelijk gebedsleven, leven overeenkomstig hun oude gewoonten en het goede najagen naar hun eigen zelfgerechtigheid.

Dus, verzoekingen en lijden worden toegebracht terwijl zij allerlei soorten van moeilijkheden tegenkomen.

In Jakobus 1: 13-15, lezen we, *"Laat niemand, als hij verzocht wordt, zeggen: Ik word van Godswege verzocht. Want God kan door het kwade niet verzocht worden en Hijzelf brengt ook niemand in verzoeking. Maar zo vaak iemand verzocht wordt, komt dit voort uit de zuiging en verlokking zijner eigen begeerte. Daarna, als die begeerte bevrucht is, baart zij zonde;*

*en als de zonde volgroeid is, brengt zij de dood voort."* Met andere woorden, verzoekingen komen op het pad van mensen die niet bidden, omdat ze falen in het onderscheid maken tussen de wil van God en de wil van mensen, zij worden aangelokt door de wereldse begeerten, en lijden onder de moeilijkheden omdat ze niet in staat zijn om de verzoekingen te overwinnen. God wil dat al Zijn kinderen leren om tevreden te zijn in elke omstandigheid waar zij in verkeren, dat ze weten wat het betekent om in nood te zijn en wat het betekent om overvloed te hebben, en het geheim leren kennen om tevreden te zijn in elke situatie, of het nu in honger of verzadiging is, of het nu in overvloed is of in gebrek (Filippenzen 4: 11-12).

Want de wereldse begeerte echter bevrucht en brengt de zonde voort en het loon van de zonde is de dood, God kan de mensen die voortgaan in zonde niet beschermen. Zoveel als mensen hebben gezondigd, brengt de vijand duivel hen in tijden van verzoeking en lijden. Sommige mensen die in de verzoeking vallen zijn teleurgesteld in God, door te beweren dat Hij hen in de verzoeking heeft laten vallen en hen in lijden heeft geduwd. Dit zijn echter daden van het koesteren van wrok tegen God en zo'n personen kunnen de verzoekingen niet overwinnen en laten ook geen ruimte voor God om het te laten uitwerken voor hun goed.

Dus, God beveelt ons om de redeneringen en elke schans, die opgeworpen wordt tegen de kennis van God, te slechten, en elk bedenksel als krijgsgevangene te brengen onder de gehoorzaamheid aan Christus, (2 Korintiërs 10: 5). En Hij herinnert ons in Romeinen 8:6-7, *"Want de gezindheid van het vlees is de dood, maar de gezindheid van de Geest is leven en vrede. Daarom dat de gezindheid van het vlees vijandschap is tegen God; want het onderwerpt zich niet aan de wet Gods; trouwens, het kan dat ook niet,"* (Romeinen 8: 6-7).

De meeste informatie die wij hebben geleerd en hebben opgeslagen in onze gedachten als "goed" voordat wij God ontmoeten, zijn eigenlijk onjuist in het licht van de waarheid. Dus we kunnen de volledige wil van God volgen, wanneer we alle theorieën en vleselijke gedachten vernietigen. Bovendien, als wij de argumenten en elke aanmatiging vernietigen, en de waarheid gehoorzamen, moeten wij bidden.

Nu en dan, corrigeert de God van liefde Zijn geliefde kinderen, zodat zij niet op het pad van de vernietiging terechtkomen en staat hen toe dat er verzoekingen komen, zodat zij zich kunnen bekeren en zich kunnen afkeren van hun wegen. Wanneer mensen zichzelf onderzoeken en zich bekeren van alles wat niet gepast is in de ogen van God, blijven bidden, kijken naar de Ene die in alle dingen het goede uitwerkt voor degenen die Hem liefhebben, en zich altijd verblijden, zal God hun geloof zien en hen zeker antwoorden.

## 3. De geest is gewillig, maar het vlees is zwak

De nacht voordat Hij het kruis nam, ging Jezus met Zijn discipelen naar een plaats, genaamd Getsemane en worstelde in gebed. Toen Hij Zijn discipelen slapende vond, weeklaagde Jezus en zei, *"De geest is gewillig, maar het vlees is zwak"* (Mattheüs 26: 41).

In de Bijbel zijn er zo'n termen als, "vlees", "de dingen van het vlees," en de "werken van het vlees". Aan de ene kant is "vlees" het tegenovergestelde van de "Geest" en verwijst het over het algemeen naar alles wat corrupt en veranderlijk is. Het verwijst naar elk schepsel, inclusief de mens, voordat hij veranderd werd door de waarheid, planten, alle dieren, en dergelijke. Aan de andere kant, verwijst "geest" naar de dingen die eeuwig, waarachtig en onveranderlijk zijn.

Sinds de ongehoorzaamheid van Adam, worden alle mannen en vrouwen geboren met een inherent zondevolle natuur, en dit is de oorspronkelijke zonde. "Zelf-gepleegde zonden" zijn leugenachtige daden die worden gedaan op aandringen van de vijand duivel. Mensen worden "vleselijk" wanneer de leugen zijn lichaam vuil maakt en het lichaam zich verenigd met de zondevolle natuur. Dat is wat Romeinen 9: 8 zegt "Kinderen van het vlees." Het vers zegt, *"Dat wil zeggen: niet de kinderen van het vlees zijn kinderen Gods, maar de kinderen der belofte gelden voor nageslacht."* En Romeinen 13: 14 waarschuwt ons,

*"Maar doet de Here Jezus Christus aan en wijdt geen zorg aan het vlees, zodat begeerten worden opgewekt."* Bovendien, zijn *"de dingen van het vlees"* voorzieningen van zulke verschillende zondevolle houdingen zoals verleiding, na-ijver, jaloezie en haat (Romeinen 8: 5-8). Ze zijn nog niet lichamelijk uitgevoerd, maar ze bewegen wel naar de daad. Wanneer deze begeerten in beweging komen, wordt er verwezen naar *"de daden van het vlees"* (Galaten 5: 19-21).

Wat bedoelde Jezus met "het vlees is zwak"? Verwees Hij naar de lichamelijk conditie van Zijn discipelen? Als vroegere vissers, waren Petrus, Jacobus en Johannes op het hoogtepunt van hun leven en hadden een goede gezondheid. Voor mensen die vele nachten doorbrachten om te vissen, zou het wakker blijven 's nachts voor een paar uurtjes, niet zo moeilijk moeten zijn. Echter, zelfs nadat Jezus hen vertelde om daar te blijven en met Hem te waken, waren de drie discipelen niet in staat om te bidden, maar vielen in slaap. Ze zijn misschien wel naar Getsemane gegaan om te bidden met Jezus, maar dit verlangen was enkel in hun hart. Toen Jezus tegen hen zei dat hun vlees "zwak" was, bedoelde Hij dat de drie van hen niet in staat waren om de lusten van hun vlees, die hen aanspoorden om te slapen en te rusten, te weerstaan.

Petrus die één van Jezus geliefde discipelen was kon niet bidden, omdat zijn vlees zwak was, ondanks dat zijn geest wel gewillig was, en toen Jezus gevangen genomen werd en zijn leven werd bedreigd, verloochende hij Jezus, die hij had gekend, drie keer. Dit vond plaats voordat Jezus opstond en naar de Hemel opsteeg, en Petrus was gevangen in diepe angst, toen hij de Heilige Geest nog niet ontvangen had. Nadat Petrus echter de Heilige Geest had ontvangen, bracht hij de dode terug tot leven, liet hij wonderlijke tekenen en wonderen zien, en werd hij vrijmoedig genoeg om ondersteboven gekruisigd te worden. Tekenen van Petrus' zwakheid werden niet meer teruggevonden toen hij veranderd werd in een vrijmoedige apostel van Gods kracht, die niet bang was voor de dood. Dit kwam omdat Jezus Zijn kostbare, smetteloze en onberispelijke bloed liet vloeien en ons verloste van onze ziekten, armoede en zwakheid. Wanneer wij door geloof leven, in gehoorzaamheid aan het Woord van God, zullen wij genieten van een goede gezondheid in zowel lichaam als geest, en zullen wij in staat zijn om datgene te doen wat onmogelijk is voor mensen, en alles zal mogelijk zijn voor ons.

Nu en dan, zeggen sommige mensen die zondigen, in plaats van zich te bekeren van hun zonden, snel "het vlees is zwak" en denken dat het natuurlijk is om te zondigen. Zo'n mensen spreken zo'n woorden uit, omdat ze zich niet bewust zijn van de waarheid. Veronderstel dat een vader zijn zoon $ 1.000 geeft. Hoe belachelijk zou het zijn, als die zoon het geld in zijn zak zou stoppen en tegen zijn vader zou zeggen, "Ik heb geen geld; zelfs geen stuiver"? Hoe frustrerend zou het voor de vader zijn, als zijn zoon – die nog steeds $ 1.000 in zak heeft – zichzelf uithongert omdat hij geen eten koopt? Daarom voor degenen van ons die de Heilige Geest hebben ontvangen, is "het vlees is zwak" een oxymoron (stijlfiguur).

Ik heb vele mensen gezien die normaal om 22.00 u naar bed gingen, die nu deel nemen aan de "vrijdag nachtdienst", nadat ze baden en de hulp van de Heilige Geest ontvingen. Ze worden niet moe of slaperig en geven elke vrijdagnacht de glorie aan God in de volheid van de Heilige Geest. Dat komt omdat, in de volheid van de Heilige Geest, de geestelijke ogen van de mensen scherper worden, hun harten van vreugde overstromen, zij geen vermoeidheid voelen, en hun lichamen lichter aanvoelen.

Want wij leven in het tijdperk van de Heilige Geest, en wij zouden nooit moeten falen om te bidden of een zonde plegen, omdat "het vlees zwak is". In plaats daarvan moeten wij alert blijven en voortdurend bidden, de kracht van de Heilige Geest ontvangen en de dingen en de werken van het vlees, en dergelijke verwerpen, en vurig ons leven leiden in Christus, door altijd te leven naar de wil van God voor ons.

### 4. Zegeningen voor mensen die alert blijven en bidden

1 Petrus 5: 8-9 zegt ons, *"Wordt nuchter en waakzaam. Uw tegenpartij, de duivel, gaat rond als een brullende leeuw, zoekende wie hij zal verslinden. Wederstaat hem, vast in*

het geloof, wetende, dat aan uw broederschap in de wereld hetzelfde lijden wordt toegemeten." De vijand Satan en de duivel, de heerser van het koninkrijk van de lucht, streven ernaar om de gelovigen in God te verlokken om af te dwalen en Zijn volk te voorkomen dat zij geloof bezitten in elke verandering die zij krijgen.

Wanneer iemand een boom wil ontwortelen, zal hij eerst proberen om het te schudden. Als de stam groot en dik is en de boom diep geworteld in de grond is, zal hij het opgeven en proberen om een andere boom te schudden. Wanneer het lijkt dat de tweede boom gemakkelijker ontworteld kan worden dan de eerste, zal hij meer vastberaden worden en de boom harder schudden. Evenzo, zal de vijand duivel die ons probeert te verlokken, verdreven worden als wij standvastig blijven. Wanneer we ook maar een beetje wankelen, zal de vijand duivel echter blijven proberen om ons te verleiden om ons zo neer te halen.

Om de plannen van de vijand duivel te onderscheiden en te vernietigen en in het licht te wandelen door te leven overeenkomstig het Woord van God, moeten wij worstelen in gebed en de God gegeven kracht en sterkte ontvangen van boven. Jezus, de enige Zoon van God kon alles bereiken overeenkomstig de wil van God vanwege de kracht van gebed. Voordat Hij Zijn openbare bediening begon, bereidde Jezus Zich voor door gedurende veertig dagen en veertig nachten te vasten, en door Zijn drie-en-een half jaar bediening manifesteerde Hij de krachtige werken van God door gewoonlijk en voortdurend te bidden. Op het einde van Zijn openbare bediening, kon Jezus de autoriteit van de dood vernietigen en overwinnen door de opstanding, omdat Hij in gebed worstelde in Getsemane. Dat is de reden waarom de Here ons aanspoort, *"Volhardt in het gebed, weest daarbij waakzaam en dankt"* (Kolossenzen 4: 2), en *"Het einde aller dingen is nabijgekomen. Komt dus tot bezinning en wordt nuchter, opdat gij kunt bidden."* (1 Petrus 4: 7). Hij onderwees ons ook te bidden, "en leid ons niet in verzoeking, maar verlos ons van de boze. (Mattheüs 6: 13). Het is uiterst belangrijk dat we voorkomen dat we in de verzoeking vervallen. Wanneer u in de verzoeking valt, betekent dat dat u nog niet hebt overwonnen, moe bent geworden, en dat uw geloof gekrompen is – waarin God geen welgevallen heeft.

Wanneer wij alert blijven en bidden, onderwijst de Heilige Geest ons om op het juiste pad te wandelen en strijden wij tegen en verwerpen wij onze zonden. Bovendien, net zoals onze ziel voorspoedig is, zal ons hart gelijken op dat van onze Heer, zullen wij datgene doen wat goed is in elke zaak van ons leven, en zullen wij deze zegen van goede gezondheid ontvangen.

Gebed is een sleutel zodat alles goed gaat in ons leven en om de zegen van goede gezondheid naar geest en lichaam te ontvangen. We hebben de belofte in 1 Johannes 5: 18 *"Wij weten, dat een ieder, die uit God geboren is, niet zondigt; want Hij, die uit God geboren werd, bewaart hem, en de boze heeft geen vat op hem."* Om die reden zullen wij bewaard blijven van de vijand duivel, als wij alert blijven bidden en in het licht wandelen, en zelfs wanneer wij in de verleiding vervallen, zal God ons de uitweg laten zien, en in alle dingen het goede uitwerken voor degenen die Hem liefhebben.

Want God heeft ons gezegd om voortdurend te bidden, en dat wij Zijn gezegende kinderen moeten worden, die leven in Christus door alert te zijn, de vijand duivel te verdrijven, en alles te ontvangen waarmee God ons wil zegenen.

In 1 Thessalonicenzen 5: 23 zien we, *"En Hij, de God des vredes, heilige u geheel en al, en geheel uw geest, ziel en lichaam moge bij de komst van onze Here Jezus Christus blijken in allen dele onberispelijk bewaard te zijn."*

Ik bid in de naam van onze Heer Jezus Christus dat een ieder van u de hulp van de Heilige Geest mag ontvangen door uzelf alert te bewaren, gewoonlijk te bidden, een onberispelijk en vlekkeloos hart mag bezitten als een kind van God door de zondevolle natuur te verwerpen in u en uw hart te besnijden door de Heilige Geest, genietend van de autoriteit als Zijn kind, waardoor uw ziel voorspoedig is, alles in uw leven succesvol is en u de zegen van goede gezondheid mag ontvangen, en in alles wat u doet de glorie aan God geeft!

Hoofdstuk 5

Het effectieve gebed van een
rechtvaardig mens

Het gebed van een rechtvaardige vermag veel,
doordat er kracht aan verleend wordt.
Elia was slechts een mens zoals wij en
hij bad een gebed, dat het niet regenen zou,
en het regende niet op het land,
drie jaar en zes maanden lang;
en hij bad opnieuw, en de hemel gaf regen
en de aarde deed haar vrucht uitspruiten.

(Jakobus 5: 16 -18)

## 1. Het gebed van geloof dat de zieken geneest

Wanneer we op ons leven terugkijken, zijn er tijden waarin we baden te midden van lijden en tijden wanneer we lof brachten en ons verheugden nadat we Gods antwoorden ontvingen. Er waren tijden wanneer we met anderen baden voor genezing van onze geliefden en tijden wanneer we God verheerlijkten nadat datgene door gebed volbracht werd, wat onmogelijk was voor mensen.

In Hebreeën 11 worden vele referenties van geloof gevonden. We worden in vers 1 herinnert dat *"Het geloof nu is de zekerheid der dingen, die men hoopt, en het bewijs der dingen, die men niet ziet"* terwijl *"maar zonder geloof is het onmogelijk (Hem) welgevallig te zijn. Want wie tot God komt, moet geloven, dat Hij bestaat en een beloner is voor wie Hem ernstig zoeken"* (Vers 6).

Geloof kan voornamelijk onderverdeeld worden in "vleselijk geloof" en "geestelijk geloof". Aan de ene kant, kunnen wij door vleselijk geloof alleen in Gods Woord geloven als het in overeenstemming is met ons denken. Dit vleselijk geloof brengt geen veranderingen in ons leven voort. Aan de andere kant, kunnen wij door geestelijk geloof, geloven in de kracht van de levende God en Zijn Woord zoals het is, zelfs wanneer het niet overeenstemt met onze gedachten en theorie.

Wanneer wij geloven in het werk van God die dingen vanuit

het niets schept, ervaren wij tastbare veranderingen in ons leven, alsook Zijn wonderlijke tekenen en wonderen, en gaan wij geloven dat alles inderdaad mogelijk is voor degenen die geloven. Dat is de reden waarom Jezus ons vertelde, *"Als tekenen zullen deze dingen de gelovigen volgen: in mijn naam zullen zij Boze geesten uitdrijven, in nieuwe tongen zullen zij spreken, slangen zullen zij opnemen, en zelfs indien zij iets dodelijks drinken, zal het hun geen schade doen; op zieken zullen zij de handen leggen en zij zullen genezen worden."* (Marcus 16: 17-18), *"Alle dingen zijn mogelijk voor wie gelooft" (Marcus 9: 23),* en dat *"Daarom zeg Ik u, al wat gij bidt en begeert, gelooft, dat gij het hebt ontvangen, en het zal geschieden"* (Marcus 11: 24).

Hoe kunnen wij geestelijk geloof bezitten en uit eerste hand de grote kracht van God ervaren? Boven alles, moeten we herinneren dat de Apostel Paulus in 2 Korintiërs 10: 5 zei, *"zodat wij de redeneringen en elke schans, die opgeworpen wordt tegen de kennis van God, slechten, elk bedenksel als krijgsgevangene brengen onder de gehoorzaamheid aan Christus"* We moeten niet langer de kennis als waarheid beschouwen die we tot op dit punt hebben verzameld. In plaats daarvan moeten we elke gedachte en theorie die in overtreding is met Gods Woord vernietigen, onszelf gehoorzaam maken aan Zijn Woord, de waarheid en erdoor leven. Tot de mate dat wij de vleselijke gedachten vernietigen en de leugens binnenin onszelf vernietigen, zal onze ziel voorspoedig zijn en zullen wij geestelijk geloof bezitten waarmee wij kunnen geloven. Geestelijk geloof is de mate van geloof die God aan een ieder van ons geeft (Romeinen 12: 3). Nadat het evangelie is gepredikt en Jezus Christus voor het eerst wordt aangenomen, is ons geloof zo klein als een mosterdzaadje. Als wij voortdurend ijverig aanwezig zijn op aanbiddingsdiensten, Gods Woord horen, en erdoor leven, worden wij zoveel rechtvaardiger. Bovendien, terwijl ons geloof groeit in groot geloof, zullen de tekenen die degenen volgen die geloof hebben ons zeker volgen.

In het bidden voor de genezing van de zieken, moet er in zo'n gebed zeker geestelijk geloof aanwezig zijn van degene die bidt. Want de hoofdman – wiens slaaf verlamd was en heel erg leed – zoals beschreven wordt in Mattheüs 8, had geloof waarmee hij geloofde dat zijn slaaf genezen kon worden als Jezus slechts één woord zou spreken, en op datzelfde moment werd zijn slaaf ook genezen (Mattheüs 8: 5-13).

Bovendien, wanneer wij voor de zieken bidden, moeten wij vrijmoedig in ons geloof zijn en niet twijfelen, omdat zoals Gods Woord ons zegt, *"Maar hij moet bidden in geloof, in geen enkel opzicht twijfelende, want wie twijfelt, gelijkt op een golf der zee, die door de wind aangedreven en opgejaagd wordt. Want zulk een mens moet niet menen, dat hij iets van de Here zal ontvangen"* (Jakobus 1: 6-7).

God heeft welgevallen in een sterk en standvastig geloof dat niet heen en weer wordt geslingerd, en wanneer wij verenigen in liefde en voor de zieke bidden met geloof, werkt God zelfs nog op grotere wijze. Want ziekte is het gevolg van zonde en God, de Here is onze Geneesheer (Exodus 15: 26), wanneer wij onze zonden belijden aan elkaar en voor elkaar bidden, geeft God ons vergeving en genezing.

Wanneer u bidt met geestelijk geloof en in geestelijke liefde, zult u Gods grote werken ervaren, van de liefde van onze Heer getuigen en Hem eren.

## 2. Het gebed van een rechtvaardig mens is krachtig en effectief

Overeenkomstig het Merriam-Webster Woordenboek, is een rechtvaardig mens iemand die "handelt in overeenstemming met goddelijke of morele wetten; vrij is van schuld of zonde." En toch zegt Romeinen 3: 10 ons dat, *"Niemand rechtvaardig is, ook niet één"* En God zegt, *"want niet de hoorders der wet zijn rechtvaardig bij God, maar de daders der wet zullen gerechtvaardigd worden."* (Romeinen 2: 13), en *"daarom, dat uit werken der wet geen vlees voor Hem gerechtvaardigd zal worden, want wet doet zonde kennen."* (Romeinen 3: 20).

Zonde kwam in de wereld door de ongehoorzaamheid van Adam, de eerste mens die geschapen was en talloze mensen werden veroordeeld door de zonde van één mens (Romeinen 5:

12,18). Voor de mensheid die Zijn heerlijkheid derven, los van de Wet, is de rechtvaardigheid van God gemanifesteerd, en zelfs de gerechtigheid van God komt door geloof in Jezus Christus voor al degenen die geloven (Romeinen 3: 21-23).

Want de "gerechtigheid" van deze wereld gaat op en neer overeenkomstig de waarden van elke generatie, daarom kan het geen echte standaard van gerechtigheid zijn. God verandert nooit, daarom kan Zijn gerechtigheid de standaard zijn van ware gerechtigheid.

Daarom kunnen we in Romeinen 3: 28 lezen, *"Want wij zijn van oordeel, dat de mens door geloof gerechtvaardigd wordt, zonder werken der wet."* En toch, stellen wij de wet niet buiten werking door ons geloof, maar veeleer bevestigen wij het (Romeinen 3: 31).

Wanneer wij gerechtvaardigd worden door geloof, moeten wij de vrucht van aankomende heiligheid dragen, door vrij te worden van de zonden en slaven van God te worden. We moeten streven om volkomen rechtvaardig te worden door alle leugen, die in overtreding is met Gods woord te verwerpen en te leven door Zijn Woord, de waarheid zelf.

God verklaart mensen "rechtvaardig" als het geloof gepaard gaat met daden en als zij dag in dag uit, ernaar streven om te leven door Zijn Woord, en Zijn werken laten zien in antwoord op hun gebeden. Hoe zou God iemand antwoorden die naar de kerk gaat maar een muur van zonde heeft tussen zichzelf en

God, door ongehoorzaamheid aan zijn ouders, onenigheid met zijn broers of door te zondigen? God maakt het gebed van een rechtvaardig mens – hij die Gods Woord gehoorzaamt en ernaar leeft en met hem het bewijs draagt dat hij van God houdt – krachtig en effectief door hem de kracht van gebed te geven.

In Lucas 18: 1-18 staat de gelijkenis van de onrechtvaardige rechter. Het geeft het verhaal weer van een weduwe en een zaak die zij voor een rechter bracht, die God niet vreesde en geen respect voor mensen had. Ondanks dat de rechter God niet vreesde, noch bekommert was om andere mensen, hielp hij uiteindelijk toch de weduwe. De rechter sprak bij zichzelf, *"Al bekommer ik mij niet om God en al stoor ik mij aan geen mens, toch zal ik, omdat deze weduwe het mij moeilijk maakt, haar recht verschaffen; anders komt zij mij ten slotte nog in het gezicht slaan."*

Op het einde van deze gelijkenis zei Jezus, *"Hoort, wat de onrechtvaardige rechter zegt. Zal God dan zijn uitverkorenen geen recht verschaffen, die dag en nacht tot Hem roepen, en laat Hij hen wachten? Ik zeg u, dat Hij hun spoedig recht zal verschaffen."* (Lucas 18: 7-8).

Wanneer wij om ons heen kijken, zijn er vele mensen die echter belijden dat ze Gods kinderen zijn, dag en nacht bidden en regelmatig vasten en toch niet Zijn antwoorden ontvangen.

Zo'n individuen moeten beseffen dat ze nog niet rechtvaardig zijn in de ogen van God.

Filippenzen 4: 6-7 zegt ons, *"Weest in geen ding bezorgd, maar laten bij alles uw wensen door gebed en smeking met dankzegging bekend worden bij God. En de vrede Gods, die alle verstand te boven gaat, zal uw harten en uw gedachten behoeden in Christus Jezus."* Afhankelijk van hoeveel iemand "rechtvaardig" is in de ogen van God, en door geloof bidt met liefde, zal de mate waarbij hij Gods antwoorden ontvangt verschillen. Nadat hij de kwalificaties heeft als een rechtvaardig mens en bidt, kan hij Gods antwoorden snel ontvangen en Hem de glorie geven. Daarom is het uiterst belangrijk voor de mens om de muur van zonde te vernietigen die in de weg staat naar God, de kwalificaties gaat bezitten om "rechtvaardig" in de ogen van God verklaart te worden, en ernstig te bidden met geloof en in liefde.

## 3. Gaven en kracht

"Gaven" zijn Zijn geschenken die God vrij geeft en verwijzen naar een speciaal werk van God in Zijn liefde. Des te meer iemand bid, des te meer zal het verlangen en vragen naar Gods gaven komen. Zo nu en dan echter vraagt hij misschien een gave van God overeenkomstig zijn bedrieglijke verlangens. Dit is om vernietiging over zichzelf te brengen en omdat dit niet recht is in de ogen van God, moet iemand zichzelf hiertegen beschermen.

In Handelingen 8 is een tovenaar, genaamd Simon, die nadat het evangelie tot hem was gesproken door Filippus, Filippus overal volgde, en verbaasd was over de grote wonderen en tekenen die hij zag (verzen 9-13). Toen Simon zag dat de Heilige Geest gegeven werd door de handoplegging van Petrus en Johannes, bood hij geld aan de apostelen en vroeg hen, "Geef ook mij deze macht, opdat, als ik iemand de handen opleg, hij de heilige Geest ontvange." (Verzen 17-19). In antwoord hierop, bestrafte Petrus Simon zeggende, *"Uw geld zij met u ten verderve, daar gij gemeend hebt de gave Gods voor geld te kunnen verwerven. Gij hebt part noch deel aan deze zaak, want uw hart is niet recht voor God. Bekeert u van deze uw boosheid en bid de Here, of deze toeleg van uw hart u moge vergeven worden; want ik zie, dat u gekomen zijt tot een gal van bitterheid en een warnet van ongerechtigheid"* (Verzen 20-23).

Want gaven worden gegeven aan degenen die de levende God laten zien en de mensheid redden, dus ze moeten gemanifesteerd worden onder de leiding van de Heilige Geest. Dus voordat u God om Zijn gaven vraagt, moet u er eerst naar streven om rechtvaardig te worden in Zijn ogen.

Nadat onze ziel voorspoedig is en we onszelf hebben gevormd tot een instrument dat God kan gebruiken, staat Hij ons toe om gaven te vragen in de inspiratie van de Heilige Geest en geeft Hij ons de gaven waar wij om vragen.

We weten dat al onze voorvaders van geloof gebruikt werden door God voor een bepaald doel. Sommigen lieten op grote wijze Gods kracht zien, anderen profeteerden alleen zonder de kracht van God te laten zien, en weer anderen onderwezen alleen maar anderen. Des te meer zij volkomen geloof en liefde bezaten, gaf God hen grotere kracht en stond hen toe om grotere werken te laten zien.

Toen hij als een prins van Egypte leefde, was Mozes zijn stemming zo heftig en snel dat hij in één ogenblik een Egyptenaar dode die zijn broeder, een Israëliet slecht behandelde (Exodus 2: 12). Na vele beproevingen, werd Mozes echter een hele nederige man, nederiger dan enig ander mens op de aarde en toen ontving hij grote kracht. Hij bracht de Israëlieten uit Egypte door een verscheidenheid van tekenen en wonderen te laten zien (Numeri 12: 3).

We kennen ook het gebed van de profeet Elia zoals het geschreven staat in Jakobus 5: 17-18, *"Elia was slechts een mens zoals wij en hij bad een gebed, dat het niet regenen zou, en het regende niet op het land, drie jaar en zes maanden lang; en hij bad opnieuw, en de hemel gaf regen en de aarde deed haar vrucht uitspruiten."*

Zoals we hebben gezien en zoals de Bijbel ons vertelt, is het gebed van een rechtvaardig mens krachtig en effectief. Sterkte en kracht van een rechtvaardig mens zijn voortreffelijk. Terwijl er een soort van gebed is waarmee mensen niet in staat zijn om Gods antwoorden te ontvangen, zelfs na talloze uren van gebed, is er ook het gebed dat Zijn antwoorden brengt, en die alsook Zijn kracht manifesteren. God heeft welgevallen aan het aannemen van geloofsgebed, liefde en offers, en staat mensen toe om Hem te verheerlijken door de verschillende gaven en krachten die Hij aan mensen geeft.

Wij zijn echter niet vanaf het begin rechtvaardig; alleen nadat we Jezus Christus hebben aangenomen, worden wij rechtvaardig door geloof. We worden net zo rechtvaardig als dat we ons bewust worden van de zonde, door het horen van Zijn Woord, de leugens verwerpen en daardoor zal onze ziel voorspoedig zijn. Bovendien, zullen wij veranderen in rechtvaardigere mensen als wij in het licht en de gerechtigheid wandelen, elke dag van ons leven moet door God veranderd worden, zodat wij ook mogen belijden zoals de Apostel Paulus, "Ik sterf elke dag" (1 Korintiërs 15: 31).

Ik spoor een ieder van u aan om terug te blikken op uw leven tot op dit moment en te kijken of er een muur staat tussen u en God en als dat zo, haal het dan neer zonder enige aarzeling.

Ik bid in de naam van onze Here, dat een ieder van u zal gehoorzamen door geloof, zal offeren in liefde en bidden als een rechtvaardig persoon, zodat u rechtvaardig verklaart zult worden, Zijn zegeningen zult ontvangen in alles wat u doet, en God de glorie zult geven zonder enige terughoudendheid!

# Hoofdstuk 6

## De grote kracht van eenparig gebed

Wederom, [voorwaar] Ik zeg u,
dat, als twee van u op de aarde
iets eenparig zullen begeren,
het hun zal ten deel vallen van mijn Vader,
die in de hemelen is.
Want waar twee of drie vergaderd zijn in mijn naam,
daar ben Ik in hun midden

(Mattheüs 18: 19-20)

## 1. God heeft welgevallen in het ontvangen van eenparig gebed

Een Koreaanse spreuk vertelt ons, "Het is beter om samen zelfs een stuk papier op te tillen." In plaats van dat iemand zich isoleert en probeert om alles op zichzelf te doen, leert dit eeuwenoude gezegde ons, dat de efficiëntie toeneemt en er een beter resultaat verwacht kan worden wanneer twee of meer mensen samen werken. Het christendom dat de liefde voor de naaste en de kerkgemeenschap benadrukt, moet in dit opzicht dan ook een goed voorbeeld zijn.

Prediker 4:9-12 zegt ons, *"Twee zijn beter dan één, omdat zij een goede beloning hebben bij hun zwoegen. Want, indien zij vallen, dan richt de een de ander weer op; maar wee de éne, die valt zonder dat een metgezel hem opricht! Ook indien er twee nederliggen, zullen zij warm worden, maar hoe zal één alleen warm worden? Kan iemand er één overweldigen, twee zullen tegenover hem kunnen standhouden; en een drievoudig snoer wordt niet spoedig verbroken."* Deze verzen onderwijzen ons dat wanneer mensen zich verenigen en samenwerken, grote kracht en vreugde kan worden geproduceerd.

Op dezelfde manier, vertelt Mattheüs 18: 19-20 ons hoe belangrijk het voor gelovigen is om samen te komen en in overeenstemming te bidden. Er is "individueel gebed" waardoor mensen bidden voor hun eigen problemen op een individuele basis of gebed terwijl zij mediteren over het Woord in hun stille tijd, en er is "eenparig gebed" waarbij een aantal mensen het samen uitroepen tot God.

Zoals Jezus ons vertelt "wanneer twee of drie iets eenparig begeren op aard" en " waar twee of drie vergaderd zijn in Mijn naam," verwijst eenparig gebed naar het gebed van velen in één gedachte. God vertelt ons dat Hij welgevallen heeft om eenparig gebed te aanvaarden en belooft ons dat Hij alles zal doen wat we Hem vragen en in ons midden zal zijn als er twee of drie samen komen in de naam van onze Here.

Hoe kunnen wij glorie geven aan God met antwoorden die we ontvangen hebben van Hem door eenparig gebed thuis, in de kerk, binnen onze groep en huisgroep? Laat ons eens dieper kijken naar de betekenis en methodes van bidden in eenparigheid en de kracht ervan tot brood maken zodat we van God alles mogen ontvangen, wanneer we bidden voor Zijn koninkrijk, gerechtigheid en kerk, en Hem op grote wijze verheerlijken.

### 2. De betekenis van eenparig gebed

In de eerste verzen waarop dit hoofdstuk gebaseerd is, vertelt Jezus ons, *"Wederom, [voorwaar] Ik zeg u, dat, als twee van u op de aarde iets eenparig zullen begeren, het hun zal ten deel vallen van mijn Vader, die in de hemelen is."* (Mattheüs 18:

19). Hier vinden we iets bijzonders. In plaats van te verwijzen naar het gebed van "een persoon," "drie personen" of "twee of meer personen", waarom zei Jezus specifiek *"als twee van u op de aarde iets eenparig zullen begeren, het hun zal ten deel vallen"* en legt Hij de nadruk daarbij op "twee" personen?

"Twee van u" staat hier voor, in relatieve termen, een ieder van ons "ik" en de rest van de mensen. Met andere woorden, "twee van u" kan naast uzelf, ook verwijzen naar een persoon, tien personen, honderd personen of duizend personen.

Wat is dan de geestelijke betekenis van de "twee van u"? We hebben ons eigen "zelf" en binnenin ons verblijft de Heilige Geest met een karakter van Zichzelf. Zoals Romeinen 8: 26 zegt, *"En evenzo komt de Geest onze zwakheid te hulp; want wij weten niet wat wij bidden zullen naar behoren, maar de Geest zelf pleit voor ons met onuitsprekelijke verzuchtingen,"* maakt de Heilige Geest, die Zelf in ons voorbede doet, ons hart tot een tempel waarin Hij verblijft.

We ontvangen de autoriteit waardoor wij kinderen van God worden genoemd, wanneer we eerst in Hem geloven en Jezus aannemen als onze Redder. De Heilige Geest komt en wekt onze geest, die dood was vanwege de oorspronkelijke zonde, op. Daarom, zijn er in elk van Gods kinderen hun eigen hart en de Heilige Geest met Zijn eigen karakter.

"Twee mensen op aarde" betekent het gebed van ons eigen hart en het gebed van onze geest, welke de voorbede van de

Heilige Geest is (1 Korintiërs 14: 15; Romeinen 8: 26). Om te zeggen "twee mensen vragen iets eenparig op aarde" betekent dat deze twee gebeden tot God zijn gebracht in eenheid. Bovendien, wanneer de Heilige Geest zich met één of twee of meer personen verenigd in hun gebed, dan is het aan de "twee van u" om in overeenstemming te zijn over datgene wat ze vragen.

Door de betekenis van eenparig gebed te herinneren, moeten wij de vervulling van de belofte van de Here ervaren, *"Wederom, [voorwaar] Ik zeg u, dat, als twee van u op de aarde iets eenparig zullen begeren, het hun zal ten deel vallen van mijn Vader, die in de hemelen is."*

## 3. Methodes van eenparig gebed

God heeft welgevallen om het eenparig gebed te aanvaarden, geeft Zijn antwoorden aan zo'n gebed, en laat Zijn krachtige werken zien, omdat mensen tot Hem bidden met hun hart.

Het zal zeker een bron van overvloedige vreugde, vrede en oneindige glorie van God zijn als de Heilige Geest en een ieder van ons bidt in eenheid van hart. We zouden in staat moeten zijn om "het antwoord met vuur" uit de hemel neer te halen en zonder voorbehoud getuigen van de levende God. En toch, is het geen gemakkelijk taak om "één van hart" te worden om tot een overeenkomst te komen met een betekenisvolle betrokkenheid.

De grote kracht van eenparig gebed · 91

Veronderstel dat een slaaf twee meesters heeft. Zou zijn loyaliteit en dienstbaar hart niet gescheiden zijn? Het probleem wordt echter erger wanneer de slaaf twee meesters heeft, die verschillende persoonlijkheden en smaken hebben. Veronderstel opnieuw dat er twee mensen samenkomen om een evenement te plannen. Als zij er niet in slagen om één van denken te worden en verdeeld blijven in hun meningen, dan zou het veiliger zijn om tot de conclusie te komen dat dingen niet zo goed gaan. Bovendien, als de twee hun eigen werk doen met twee verschillende doelen in hun hart, dan zal hun planning misschien wel goed lijken te verlopen, maar het resultaat zal des te opvallender zijn. Daarom, is de mogelijkheid om één van hart te zijn of u nu alleen bid of met een ander persoon of met twee of meer mensen, de sleutel tot het ontvangen van Gods antwoorden.

Hoe kunnen we dan één van hart zijn in gebed?

Mensen die in eenheid bidden moeten bidden door de inspiratie van de Heilige Geest, gevangengenomen worden door de Heilige Geest, een worden met de Heilige Geest en bidden in de Heilige Geest (Efeziërs 6: 18). Want de Heilige Geest draagt de gedachte van God met Zich, Hij doorzoekt alle dingen, zelfs de diepte Gods (1 Korintiërs 2: 10) en doet voorbede voor ons overeenkomstig de wil van God (Romeinen 8:27). Wanneer wij bidden zoals de Heilige Geest ons leidt in ons denken, heeft God er welgevallen in om onze gebeden aan te nemen, ons alles te geven wat wij vragen en zelfs de verlangens van ons hart te beantwoorden. Om te bidden in de volheid van de Heilige Geest, moeten wij geloven in Gods Woord, zonder eraan te twijfelen, gehoorzamen in waarheid, voortdurend bidden en dankbaar zijn in alle omstandigheden. We moeten het ook uitroepen tot God vanuit ons hart. Wanneer we God geloof laten zien dat gepaard gaat met daden en worstelen in gebed, heeft God daar welgevallen in en geeft ons vreugde door de Heilige Geest. Dit is gezegd om "vol te zijn met" en "geïnspireerd te zijn door" de Heilige Geest.

Sommige nieuwe gelovigen of degenen die niet gebeden hebben op een reguliere basis hebben nog niet de kracht van gebed ontvangen en hebben dus de neiging om eenparig gebed inspannend en moeilijk te vinden. Wanneer zo'n persoon voor een uur probeert te bidden, proberen zij met allerlei soorten gebeden te komen en zijn niet in staat om een uur te bidden. Ze worden moe en uitgeput, ze wachten verlangend dat de tijd snel voorbij gaat, en eindigen met leuterende gebeden. Zo'n gebed is "het gebed van de ziel" welke God niet kan beantwoorden.

Want vele mensen, zelfs al zijn ze voor meer dan tien jaar naar de kerk gegaan, hun gebeden zijn nog steeds gebeden van de ziel. Want de meeste mensen klagen of worden ontmoedigd omdat ze weinig verhoorde gebeden van God ontvangen, omdat hun gebeden vanuit de ziel voortkomen. En toch wil dit nog niet zeggen dat God Zijn rug naar hun gebeden heeft gekeerd. God hoort hun gebeden, maar Hij kan ze niet verhoren.

Sommigen vragen misschien, "betekent dit dan dat het zinloos is om te bidden, omdat we bidden zonder de inspiratie van de Heilige Geest?" Dat is echter niet het geval. Zelfs wanneer zij slechts in hun denken bidden, terwijl zij het vurig uit roepen tot God, zullen de poorten van gebed openen en zullen zij kracht ontvangen om te bidden en te bidden in de Geest. Zonder gebed, kan de poort van gebed niet geopend worden. Want God luistert zelfs naar het gebed van de ziel, eens de poorten van gebed open zijn, zult u zich verenigen met de Heilige Geest, gaan bidden in de inspiratie van de Heilige Geest, en de antwoorden ontvangen waar u in het verleden om gevraagd hebt.

Veronderstel dat er een zoon was die zijn vader niet had behaagd. Omdat de zoon zijn vader niet kon behagen met zijn daden, kon hij niet ontvangen waar hij zijn vader om had gevraagd. En toch op een dag, begint de zoon zijn vader te behagen met zijn daden en de vader begint zijn zoon te zien naar zijn eigen hart. Hoe zal de vader nu zijn zoon gaan behandelen? Herinnert u dat hun relatie niet langer meer was zoals in het verleden. De vader wil zijn zoon alles geven, en de zoon ontvangt ook alles, zelfs de dingen die hij in het verleden heeft gevraagd.

Evenzo, zelfs wanneer onze gebeden voortkomen uit ons denken, wanneer ze zich opstapelen, zullen wij de kracht van gebed ontvangen en gaan bidden op een wijze die welgevallig is voor God, terwijl de poorten van gebed voor ons opengaan. We zullen ook zelfs de dingen ontvangen die we in het verleden aan God hebben gevraagd en beseffen dat Hij ons niet genegeerd heeft, zelfs niet één van onze alledaagse gebeden.

Bovendien, wanneer wij in de geest bidden, in de volheid van de Heilige Geest, zullen wij niet moe worden of bezwijken en in slaap vallen of wereldse gedachten hebben, maar zullen wij bidden door geloof en in vreugde. Dit is hoe zelfs een groep mensen in eenparigheid kan bidden in de geest en in liefde met één hart en één wil.

We lezen in het tweede deel van de verzen waarop dit hoofdstuk gebaseerd is, *"Want waar twee of drie vergaderd zijn in mijn naam, daar ben Ik in hun midden."* (Mattheüs 18: 20). Wanneer mensen samenkomen om te bidden in de naam van Jezus Christus, zijn Gods kinderen, die de Heilige Geest hebben ontvangen in wezen aan het bidden in eenheid, en onze Here zal zeker bij hen zijn. Met andere woorden, wanneer een groep mensen, die de Heilige Geest hebben ontvangen samenkomen en in eenheid bidden, zal onze Here de gedachten van ieder persoon overzien, hen verenigen door de Heilige Geest en hen leiden tot één gedachte zodat zij kunnen bidden in welgevallen voor onze God.

Wanneer een groep mensen echter niet samen kan komen en één van hart worden, kan de groep als geheel niet bidden in eenheid of bidden vanuit een hart van iedere deelnemer, zelfs al bidden zij voor hetzelfde doel, omdat het hart van een van de deelnemers niet overeenstemt met dat van de anderen van de groep. Wanneer de harten van de mensen die aanwezig zijn, zich niet kunnen verenigen als een, moet degene die de leiding heeft een tijd van lofprijs leiden en bekering, zodat het hart van de mensen zich verenigd tot eenheid in de Heilige Geest.

Onze God zal bij de biddende mensen zijn, wanneer zij één worden in de Heilige Geest, terwijl Hij het hart van elk persoon overziet en leidt in deelname. Wanneer het gebed van mensen niet in overeenstemming is, dan moet u begrijpen dat onze Heer niet met zo'n persoon kan zijn.

Wanneer mensen één worden in de Heilige Geest en eenparig bidden, zal iedereen in zijn hart bidden, gevuld zijn met de Heilige Geest en zweten en er zeker van zijn dat Gods antwoorden zullen komen waar zij om gevraagd hebben alsof er een windvlaag van boven hen omringt. Onze Heer zal met de mensen zijn die op deze manier bidden, en in zo'n soort gebed heeft God zeker een welgevallen.

Door in eenparigheid te bidden, in de volheid van de Heilige Geest en vanuit uw hart, hoop ik dat één ieder van u alles zal ontvangen waar u om hebt gebeden en dus glorie zult geven aan God wanneer u vergaderd bent met anderen van uw huisgroep, thuis of in de kerk.

De grote kracht van eenparig gebed

Een van de voordelen van eenparig gebed is het verschil in snelheid waarin mensen hun antwoorden van God ontvangen en het soort van werk dat Hij laat zien, omdat, er bijvoorbeeld, een drastisch verschil is in de hoeveel gebeden tussen een 30 minuten gebed van een persoon met een verzoek en een 30 minuten gebed van tien personen met hetzelfde verzoek. Wanneer mensen in eenparigheid bidden en God er welgevallen aan heeft om hun gebeden te aanvaarden, zullen zij de niet te weigeren manifestaties van Gods werk en de grote kracht van hun gebed ervaren.

In Handelingen 1: 12-15, zien we dat nadat onze Here opstond en naar de Hemel ging, een groep mensen inclusief de discipelen zich verenigden en voordurend in gebed waren. Het aantal mensen in die groep was ongeveer honderdtwintig. In de ijverige hoop om de Heilige Geest te ontvangen, die Jezus hen had beloofd, waren deze mensen verenigd in eenparig gebed tot de dag van Pinksteren.

*En toen de Pinksterdag aanbrak, waren allen tezamen bijeen. En eensklaps kwam er uit de hemel een geluid als van een geweldige windvlaag en vulde het gehele huis, waar zij gezeten waren; en er vertoonden zich aan hen tongen als van vuur, die zich verdeelden, en het zette zich op ieder van hen; en zij werden allen vervuld met de heilige Geest en begonnen met andere tongen te*

De grote kracht van eenparig gebed · 97

*spreken, zoals de Geest het hun gaf uit te spreken. (Handelingen 2: 1-4).*

Hoe wonderlijk is dit werk van God? Terwijl zij eenparig baden, ontving een ieder van de honderdtwintig mensen die aanwezig waren de Heilige Geest en begonnen in andere tongen te spreken. De apostelen ontvingen ook de grote kracht van God, zodat het aantal mensen die Jezus Christus aannamen door de boodschap van Petrus, en gedoopt werden ongeveer 3000 mensen waren (Handelingen 2: 41). Terwijl er allerlei wonderen en tekenen gebeurden door de apostelen, nam het aantal gelovigen dag bij dag toe en het leven van de gelovigen begon ook te veranderen (Handelingen 2: 43-47).

*Toen zij nu de vrijmoedigheid van Petrus en Johannes zagen en bemerkt hadden, dat zij ongeletterde en eenvoudige mensen uit het volk waren, verwonderden zij zich, en zij herkenden hen, dat zij met Jezus geweest waren; en daar zij de genezene bij hen zagen staan, konden zij er niets tegen inbrengen. (Handelingen 4:13-14).*

*En door de handen der apostelen geschiedden vele tekenen en wonderen onder het volk; en zij waren allen eendrachtig bijeen in de zuilengang van Salomo. Doch van de anderen durfde niemand zich bij hen aansluiten, maar het volk stelde hen hoog. En des te meer werden er toegevoegd, die de Here geloofden, tal van mannen zowel als vrouwen, zo zelfs, dat men de zieken op straat droeg en op bedden en matrassen legde, opdat, wanneer Petrus voorbijkwam, ook maar zijn schaduw op iemand van hen zou vallen. En ook de menigte uit de steden rondom Jeruzalem stroomde toe en bracht zieken en door onreine geesten gekwelden mede. En zij werden allen genezen. (Handelingen 5:12-16).*

Het was de kracht van eenparig gebed dat de apostelen in staat stelde om vrijmoedig het Woord te spreken, de blinden, de kreupelen, en de zwakken te genezen, de doden op te wekken, en alle soorten van ziekten te genezen en boze geesten uit te drijven.

Het volgende is een verslag van Petrus die in die tijd gevangen was genomen tijdens de regering van Herodus (Agrippa I), die gekenmerkt wordt door zijn vervolgingen van de christenen. In Handelingen 12: 5 zien we, *"Petrus dan werd in de gevangenis in bewaring gehouden, maar door de gemeente werd voortdurend tot God voor hem gebeden"* Terwijl Petrus aan het slapen was, gebonden aan twee kettingen, was de gemeente aan het bidden in eenparigheid voor Petrus. Nadat God het gebed van de gemeente hoorde, zond Hij een engel om Petrus te redden.

De nacht voordat Herodus Petrus zou ondervragen, was

de apostel vastgebonden met twee kettingen en sliep terwijl er bewakers op de wacht stonden aan de ingang (Handelingen 12: 6). En toch manifesteerde God Zijn kracht door de kettingen los te maken en de ijzeren poort van de gevangenis Zelf te open (Handelingen 12: 7-10). Toen hij aankwam bij het huis van Maria, de moeder van Johannes, ook Marcus genoemd, vond Petrus vele mensen bij elkaar en ze waren voor hem aan het bidden (Handelingen 12: 12). Zo'n wonderlijk werk was het resultaat van de kracht van het eenparig gebed van de gemeente.

Het enige wat de gemeente deed voor de bevrijding van Petrus was eenparig gebed. Evenzo, wanneer moeilijkheden een kerk overrompelen of wanneer ziekte de gelovigen raakt, in plaats van de gedachten en wegen van mensen te volgen, of bezorgd of wanhopig te worden, moeten de kinderen van God eerst geloven dat Hij alle problemen in hun handen zal oplossen en moeten zij samenkomen in eenheid van denken en eenparig gebed.

God heeft grote interesse in het eenparig gebed van de gemeente, heeft welgevallen in het eenparige gebed, en antwoord zulke gebeden met Zijn wonderlijk werken. Kunt u zich voorstellen hoe blij God zal zijn om Zijn kinderen in eenparigheid te zien bidden voor Zijn Koninkrijk en gerechtigheid?

Terwijl mensen worden gevuld met de Heilige Geest en bidden met hun geest, wanneer zij samenkomen om te bidden in eenparigheid, zullen zij Gods grote werken ervaren. Ze zullen ook de kracht ontvangen om te leven door Gods Woord, getuige te zijn van de levende God, op dezelfde wijze als de eerste gemeente en de apostelen deden, Gods koninkrijk uitbreiden en alles ontvangen wat zij vragen.

Houdt alstublieft in uw gedachten dat onze God ons heeft beloofd dat Hij ons zal antwoorden wanneer wij vragen en bidden in eenparigheid. Ik bid in de naam van onze Heer, dat een ieder van u door het verstaan van de betekenis van eenparig gebed en door vurig samen te komen met degenen die bidden in de naam van Jezus Christus, zodat u eerst de ervaringen zult hebben van de grote kracht van eenparig gebed, de kracht van gebed mag ontvangen en een kostbare werker mag worden die getuigt van de levende God!

# Hoofdstuk 7

## Bidt voortdurend en geef niet op

Hij sprak een gelijkenis tot hen met het oog daarop, dat zij altijd moesten bidden en niet verslappen.

En Hij zeide: Er was in een stad een rechter, die zich om God niet bekommerde en zich aan geen mens stoorde.
En er was een weduwe in die stad, die telkens tot hem kwam en zeide: Verschaf mij recht tegenover mijn tegenpartij.
En een tijdlang wilde hij niet, maar daarna sprak hij bij zichzelf:
Al bekommer ik mij niet om God en
al stoor ik mij aan geen mens, toch zal ik,
omdat deze weduwe het mij moeilijk maakt,
haar recht verschaffen;
anders komt zij mij ten slotte nog in het gezicht slaan.
En de Here zeide: Hoort, wat de onrechtvaardige rechter zegt.
Zal God dan zijn uitverkorenen geen recht verschaffen,
die dag en nacht tot Hem roepen,
en laat Hij hen wachten?
Ik zeg u, dat Hij hun spoedig recht zal verschaffen.
Doch, als de Zoon des mensen komt,
zal Hij dan het geloof vinden op aarde?"

(Lucas 18: 1-8)

## 1. De gelijkenis van de onrechtvaardige rechter

Toen Jezus Gods Woord onderwees aan de menigte, sprak Hij niet tot hen zonder een gelijkenis te spreken (Marcus 4: 33-34), "De gelijkenis van de onrechtvaardige rechter" waarop dit hoofdstuk gebaseerd is, laat ons de belangrijkheid zien van een volhardend gebed, hoe we altijd moeten bidden en hoe we niet moeten opgeven.

Hoe volhardend bent u om te bidden om Gods antwoorden te ontvangen? Neemt u een pauze tijdens het bidden of hebt u al opgegeven omdat God uw gebed nog niet heeft verhoord?

In het leven zijn er talloze problemen en zaken zowel groot als klein. Wanneer wij het evangelie aan andere mensen brengen, en hen vertellen over de levende God, beginnen sommigen naar de kerk te gaan om hun problemen op te lossen en anderen komen er om troost in hun hart te vinden.

Ongeacht de redenen waarom mensen naar de kerk beginnen te gaan, als zij God aanbidden en Jezus Christus aannemen, zullen zij leren dat zij, als kinderen van God, alles kunnen ontvangen waar zij om vragen en dat ze verandert kunnen worden in een mens van gebed.

Dus alle kinderen van God moeten door Zijn Woord leren het soort van gebed waarin Hij welgevallen heeft, om te bidden overeenkomstig de essenties van gebed, en geloof te bezitten om te volharden en te bidden totdat de vrucht van Gods antwoord is ontvangen. Dit is de reden waarom mensen met geloof zich bewust zijn van de belangrijkheid van gebed en doorgaans bidden. Ze zondigen niet door gebedsloosheid, zelfs niet wanneer ze niet onmiddellijk antwoord ontvangen. In plaats van op te geven, bidden zij nog vuriger. Alleen door zo'n geloof kunnen mensen antwoorden van God ontvangen en Hem de glorie geven. En toch, ondanks dat vele mensen belijden dat ze geloven, is het moeilijk om mensen te vinden met zo'n groot geloof als dit. Dat is de reden waarom de Here weeklaagde en vroeg, *"Zal de Zoon des Mensen nog geloof vinden wanneer Hij naar de aarde komt?"*

In een zekere stad was er een onrechtvaardige rechter, waar een weduwe tot hem bleef terug komen en smeken, "Verschaf mij recht van mijn tegenpartij." Deze corrupte rechter verwachtte een steekpenning, maar de arme weduwe kon zich zelfs niet een hele kleine waardering veroorloven om aan de rechter te geven. En toch, bleef de weduwe voor de rechter komen en hem smeken en de rechter bleef het verzoek van de weduwe weigeren. Dan op een dag, veranderde hij zijn hart. Weet u waarom? Luister naar wat deze onrechtvaardige rechter bij zichzelf zei:

*"Al bekommer ik mij niet om God en al stoor ik mij aan geen mens, toch zal ik, omdat deze weduwe het mij moeilijk maakt, haar recht verschaffen; anders komt zij*

*mij ten slotte nog in het gezicht slaan." (Lucas 18: 4-5)*

Want de weduwe gaf nooit op en bleef met haar verzoek voor hem komen, en zelfs deze goddeloze rechter kon enkel bezwijken voor de wensen van de weduwe, die hem lastig bleef vallen.

Op het einde van de gelijkenis, die Jezus gebruikte om ons de sleutel tot Gods antwoorden te geven, besluit Hij met, *"Zal God dan zijn uitverkorenen geen recht verschaffen, die dag en nacht tot Hem roepen, en laat Hij hen wachten? Ik zeg u, dat Hij hun spoedig recht zal verschaffen."*

Als een onrechtvaardige rechter luisterde naar de smeekbede van een weduwe, waarom zou de rechtvaardige God niet antwoorden als Zijn kinderen het tot Hem uitroepen? Als zij zich wijden aan het ontvangen van een antwoord voor een specifiek probleem, vasten, de hele nacht wakker blijven, en worstelen in gebed, hoe zou God hen dan niet snel kunnen antwoorden? Ik ben er zeker van dat velen van u voorbeelden hebben gehoord waarin mensen Zijn antwoorden ontvingen tijdens een periode van toegewijd gebed.

In Psalm 50:15 vertelt God ons, *"Roep Mij aan ten dage der benauwdheid, Ik zal u redden en gij zult Mij eren."* Met andere woorden, Gods doel voor ons is, om Hem te eren, door onze gebeden te verhoren. Jezus herinnert ons in Mattheüs 7: 11, *"Indien dan gij, hoewel gij slecht zijt, goede gaven weet te geven aan uw kinderen, hoeveel te meer zal uw Vader in de hemelen het goede geven aan hen, die Hem daarom bidden!"* Hoe kon God, die geen voorbehoud heeft, Zijn enige Zoon geven om voor ons te sterven, niet het gebed van Zijn geliefde kinderen beantwoorden? God verlangt ernaar om Zijn kinderen, die Hem liefhebben snel te antwoorden.

Waarom zeggen dan zoveel mensen toch dat zij geen antwoorden van Hem ontvangen, ondanks dat ze tot Hem bidden? Gods Woord vertelt ons vooral in Mattheüs 7: 7-8, *"Bidt en u zal gegeven worden; zoekt en gij zult vinden; klopt en u zal opengedaan worden. Want een ieder, die bidt, ontvangt, en wie zoekt, vindt, en wie klopt, hem zal opengedaan worden."* Dat is de reden waarom het onmogelijk is om onze gebeden onbeantwoord te laten. En toch, is God niet in staat om onze gebeden te verhoren, omdat er een muur tussen ons en Hem in staat, of omdat de tijd nog niet is aangebroken voor ons om Zijn antwoorden te ontvangen.

We moeten altijd bidden zonder op te geven, omdat wanneer wij volharden en blijven bidden in geloof, de Heilige Geest de muur die tussen God en ons instaat, zal vernietigen en de weg zal openen om Gods antwoorden te ontvangen door bekering. Wanneer de hoeveelheid van ons gebed voldoende lijkt te zijn in Gods ogen, zal Hij ons zeker antwoorden.

In Lucas 11: 5-8, onderwijst Jezus ons opnieuw over volharding en opdringerigheid:

*En Hij zeide tot hen: Wie van u zal een vriend hebben, die midden in de nacht bij hem komt en tot hem zegt: Vriend, leen mij drie broden, want een vriend van mij is op zijn reis bij mij aangekomen en ik heb niets om hem voor te zetten; en dat dan hij, die binnen is, zou antwoorden en zeggen: Val mij niet lastig, de deur is reeds gesloten en mijn kinderen en ik zijn naar bed; ik kan niet opstaan om ze u te geven. Ik zeg u, zelfs al zou hij niet opstaan en ze geven, omdat hij zijn vriend was, om zijn onbeschaamdheid zou hij opstaan en hem geven, zoveel hij nodig heeft.*

Jezus onderwijst ons dat God niet weigert om de opdringerigheid van Zijn kinderen te beantwoorden. Wanneer wij tot God bidden, moeten wij vrijmoedig en met volharding bidden. Dat wil niet zeggen dat u het enkel moet eisen, maar dat u moet bidden en vragen met een bepaald gevoel van zekerheid, door geloof. De Bijbel vermeld geregeld, dat vele voorvaders van geloof antwoorden ontvingen op zo'n gebeden.

Nadat Jakob tot de ochtendstond met een engel worstelde bij de Jabbok rivier, bad hij ernstig en maakte een sterke eis om zegen, zeggende, "Ik laat u niet gaan, tenzij gij mij zegent" (Genesis 32: 26), en God stond de zegeningen over Jakob toe. Vanaf dat moment, werd Jakob "Israël" genoemd en werd hij de voorvader van de Israëlieten.

In Mattheüs 15, was er een Kananese vrouw wiens dochter leed onder demonische bezetting, die eerst tot Jezus kwam en het uitriep tot Hem, *"Heb medelijden met mij, Here, Zoon van David, mijn dochter is deerlijk bezeten."* Maar Jezus zei geen woord (Mattheüs 15: 22-23). Toen de vrouw voor de tweede keer kwam, voor Hem knielde en Hem smeekte, zei Jezus eenvoudigweg, *"Ik ben slechts gezonden tot de verloren schapen van het huis Israëls,"* en weigerde het verzoek van de vrouw (Mattheüs 15: 25-26). Toen drong de vrouw zich nogmaals op aan Jezus, *"Zeker, Here, ook de honden eten immers van de kruimels, die van de tafel van hun meesters vallen,"* toen antwoordde Jezus en zeide tot haar: *"O, vrouw, groot is uw geloof, u geschiede gelijk gij wenst!"* (Mattheüs 15: 27-28).

Evenzo, moeten wij de voetstappen van onze voorvaders van geloof volgen overeenkomstig Gods Woord en altijd bidden. En we behoren te bidden door geloof, met een gevoel van zekerheid, en met een vurig hart. Door geloof in onze God, die ons toestaat om op de geschikte tijd te oogsten, moeten wij ware volgelingen van Christus worden in ons gebedsleven zonder op te geven.

## 2. Waarom we altijd moeten bidden

Net zoals de mens niet in staat is om in leven te blijven zonder te ademen, kunnen de kinderen van God, die de Heilige

Geest hebben ontvangen, niet het eeuwige leven binnengaan, zonder te bidden. Bidden is een dialoog met de levende God en de adem van onze geest. Wanneer Gods kinderen, die de Heilige Geest hebben ontvangen niet met Hem communiceren, zullen zij het vuur van de Heilige Geest doven en zullen zij dus niet langer in staat zijn om te wandelen op het pad des levens, maar zullen zij eerder afdwalen op het pad van de dood, en uiteindelijk falen in het ontvangen van redding.

En toch, door gebed in communicatie met God te bevestigen, zullen wij de redding bereiken wanneer wij de stem van de Heilige Geest horen en leren en leven door de wil van God. Zelfs wanneer moeilijkheden op onze weg komen, zal God ons een weg geven om deze te ontwijken. Hij zal alles doen medewerken voor ons goed. Door gebed zullen wij de kracht van de almachtige God ervaren, die ons versterkt om de vijand duivel te confronteren en te overwinnen, waarbij wij glorie geven aan Hem door ons standvastige geloof, dat het onmogelijke, mogelijk kan maken.

Dus, de Bijbel beveelt ons om onophoudelijk te bidden (1 Tessalonicenzen 5: 17) en dit is "Gods wil" (1 Thessalonicenzen 5: 18). Jezus heeft voor ons een geschikt voorbeeld van gebed geplaatst door voortdurend te bidden naar de wil van God, ongeacht de tijd en plaats. Hij bad in de woestijn, op een berg, en op vele andere plaatsen, en hij bad 's morgens vroeg en 's nachts.

Door voortdurend te bidden, leefden onze voorvaders van

geloof door Gods wil. De profeet Samuel vertelt ons *"Wat mij betreft, het zij verre van mij, dat ik tegen de Here zou zondigen door op te houden voor u te bidden; ik zal u de goede en rechte weg leren."* (1 Samuel 12: 23). Gebed is Gods wil en zijn gebod; Samuel vertelt ons dat als wij falen in het bidden, wij zondigen.

Wanneer wij niet bidden of een pauze nemen in ons gebedsleven, infiltreren wereldse gedachten ons denken en die houden ons tegen van het leven naar Gods wil en we ondergaan moeilijke problemen, want we zijn niet meer onder Gods bescherming. Dus, wanneer mensen in de verzoeking vallen, mopperen zij tegen God of dwalen zij zelfs nog meer af van Zijn wegen.

Om die reden herinnert 1 Petrus 5: 8-9 ons aan het volgende, *"Wordt nuchter en waakzaam. Uw tegenpartij, de duivel, gaat rond als een brullende leeuw, zoekende wie hij zal verslinden. Wederstaat hem, vast in het geloof, wetende, dat aan uw broederschap in de wereld hetzelfde lijden wordt toegemeten."* en spoort ons aan om onophoudelijk te bidden. Laat ons niet alleen bidden wanneer er problemen zijn, maar altijd, zodat we Gods gezegende kinderen zullen zijn, bij wie het in elke zaak van het leven goed gaat.

## 3. Op de geschikte tijd zullen wij een oogst oogsten

Galaten 6: 9 zegt, *"Laten wij niet moede worden goed te*

*doen, want, wanneer het eenmaal tijd is, zullen wij oogsten, als wij niet verslappen."* Het is hetzelfde met gebed. Wanneer wij altijd bidden naar de wil van God, zonder op te geven en de geschikte tijd komt, zullen wij een oogst oogsten.

Wanneer een boer ongeduldig wordt na het planten van een zaad en het zaad uit de grond opgraaft, of als hij er niet in slaagt om zorg te dragen met de scheutjes en wacht, wat zou dan het punt zijn om een oogst proberen te oogsten? Totdat wij antwoorden op onze gebeden ontvangen, zijn toewijding en volharding noodzakelijk.

Bovendien, verschilt de tijd van oogsten ook nog eens overeenkomstig het soort van zaad dat er is geplant. Sommige zaden dragen binnen een paar maanden vrucht, terwijl anderen enkele jaren duren. Groenten en granen worden gemakkelijker geoogst dan appels of zeldzame kruiden zoals ginseng. Voor kostbaardere en duurdere vruchten, is er meer investering in tijd en toewijding nodig.

U moet beseffen dat er meer gebed vereist wordt voor grotere en serieuzere problemen waar u voor bidt. Toen de profeet Daniel een visioen zag met betrekking tot de toekomst van Israël, had Daniel al voor drie weken gerouwd en gebeden, terwijl God Daniels gebed al vanaf de eerste dag had gehoord en een engel zond om er zeker van te zijn dat de profeet hiervan bewust was (Daniel 10: 12). Terwijl de prins van de macht van de lucht echter de engel tegenwerkte voor eenentwintig dagen, kon de engel op de laatste dag komen, en alleen toen wist Daniel het zeker (Daniel 10: 13-14).

Wat zou er gebeurd zijn als Daniel had opgegeven en gestopt had met bidden? Ondanks dat hij wanhopig werd en zijn kracht verloor na het zien van het visioen, drukte Daniel door in gebed en ontving ten slotte het antwoord van God.

Wanneer wij volharden door gebed en bidden totdat wij Zijn antwoorden ontvangen, zal God ons een helper geven en ons leiden tot Zijn antwoorden. Dat is de reden waarom de engel die Gods antwoord bracht tegen Daniel, de profeet zei, *"Maar de vorst van het koninkrijk der Perzen stond eenentwintig dagen tegenover mij; doch zie, Michaël, een der voornaamste vorsten, kwam mij te hulp, zodat ik daar, bij de koningen der Perzen, de overhand behield; en ik ben gekomen om u te verstaan te geven wat uw volk in het laatst der dagen overkomen zal; want wederom is het een gezicht aangaande de toekomst."* (Daniel 10: 13-14).

Voor wat voor soort problemen bidt u? Is uw gebed het soort dat Gods troon bereikt? Om de visie te begrijpen die God hem had gegeven, besloot Daniel om zichzelf te vernederen, zoals hij het deed door niet te eten, noch enig vlees of wijn te nuttigen, noch zalfde hij zich totdat de drie weken volledig voorbij waren (Daniel 10: 3). Terwijl Daniel zich vernederde voor die drie weken in toegewijd gebed, hoorde God zijn gebed en antwoordde hem al op de eerste dag.

Wees hier aandachtig op het feit dat terwijl God Daniels gebed had gehoord en de profeet op de eerste dag al antwoordde, het drie weken duurde voordat het antwoord Daniel bereikte. Vele mensen, wanneer zij een ernstig probleem hebben, proberen voor een dag of twee te bidden en geven heel snel op. Zo'n praktijken getuigen van hun kleine geloof.

Wat we het meeste nodig hebben in onze generatie vandaag, is het hart waarmee wij alleen geloven in onze God, die ons zeker zal antwoorden, volharding en gebed, ongeacht de tijd dat we Gods antwoord ontvangen. Hoe kunnen we verwachten dat we Gods antwoorden zullen ontvangen, zonder volharding?

God geeft op zijn tijd regen, zowel de vroege als de late regen, en geeft ook een tijd van oogst (Jeremia 5: 24). Dat is de reden waarom Jezus ons vertelde, "Daarom zeg Ik u, al wat gij bidt en begeert, gelooft, dat gij het hebt ontvangen, en het zal geschieden" (Marcus 11: 24). Want Daniel geloofde in God, die gebeden verhoord, hij volhardde en nam geen pauze in zijn gebed totdat hij Gods antwoord ontving.

De Bijbel zegt ons, *"Het geloof nu is de zekerheid der dingen, die men hoopt, en het bewijs der dingen, die men niet ziet."* (Hebreeën 11: 1). Als iemand heeft opgegeven om te bidden, omdat hij nog geen antwoord van God heeft ontvangen, moet hij niet denken dat hij geloof heeft of dat hij Gods antwoorden zal ontvangen. Als hij echt geloof heeft, zal hij niet in de huidige omstandigheden verblijven, maar in plaats daarvan voortdurend bidden, zonder op te geven. Dat komt omdat hij gelooft dat God, die ons toestaat om te oogsten wat we hebben gezaaid, en ons vergeldt naar wat we hebben gedaan, hem zeker zal antwoorden.

Zoals Efeziërs 5:7-8 zegt, *"Doet dan niet met hen mede. Want gij waart vroeger duisternis, maar thans zijt gij licht in de Here; wandelt als kinderen des lichts,"* bid ik in de naam van onze Heer Jezus Christus dat een ieder van u waar geloof zal bezitten, zal volharden in gebed tot de almachtige God, en een leven vol van Gods zegeningen mag leiden!

De auteur:
# Dr. Jaerock Lee

Dr. Jaerock Lee werd geboren in Muan, Provincie Jeonnam, Republiek van Korea, in 1943. In zijn twintiger jaren, leed Dr. Lee aan verschillende ongeneeslijke ziektes gedurende zeven jaar en wachtte op zijn dood zonder enige hoop op herstel. Op een dag in de lente van 1974, echter, werd hij naar een kerk geleid door zijn zuster en toen hij neerknielde om te bidden, genas de levende God hem onmiddellijk van al zijn ziektes.

Vanaf die tijd, ontmoette Dr. Lee de levende God door deze wonderlijke ervaring, hij heeft God lief met zijn hele hart en in oprechtheid, en in 1978 werd hij geroepen om een dienstknecht van God te zijn. Hij bad vurig zodat hij duidelijk de wil van God kon begrijpen en deze volledig te vervullen en alle woorden van God te gehoorzamen. In 1982, richtte hij de Manmin Kerk op in Seoul, Zuid-Korea, en ontelbare werken van God, inclusief wonderlijke wonderen van genezing en tekenen, hebben plaats gevonden in zijn kerk.

In 1986, werd Dr. Lee aangesteld als een voorganger in de jaarlijkse vergadering van Jezus' Sungkyul Gemeente van Korea, en 4 jaar later in 1990, werden zijn boodschappen uitgezonden in Australië, Rusland, de Filippijnen en nog meer landen door het Verre Oosten Televisie Bedrijf, het Televisie Bedrijf Azië, en het Washington Christelijke Radio Systeem.

Drie jaar later in 1993, werd de Manmin Centrale kerk uitgekozen tot een van de "werelds top 50 kerken" door het Christian World magazine (US) en hij ontving een Eredoctoraat van Godgeleerdheid van het Christian Faith College, Florida, USA, en in 1996 een Dr. in de Bediening van Kingsway Theologische Seminarium, Iowa, USA.

Sinds 1993, heeft Dr. Lee de leiding genomen in de wereld zending door vele overzeese campagnes in Tanzania, Argentinië, L.A., Oeganda, Japan, Pakistan, Kenia, de Filippijnen, Honduras, India, Rusland, Duitsland, Peru, Democratisch Republiek van Kongo, Israël, en Estland.

In 2002 werd hij, door een grote Christelijke krant in Korea erkend als een "wereldwijde opwekkingsprediker" vanwege zijn kracht bedieningen in verschillende buitenlands campagnes. Vooral zijn "New York Campagne in 2006", die gehouden werd in Madison Square Garden, de bekendste arena in de wereld. De gebeurtenis werd in 220 landen uitgezonden, en ook zijn "Israël Verenigde Campagne in 2009", die gehouden werd in de Internationale Conventie Hal (ICC) te Jeruzalem waarbij hij vrijmoedig Jezus Christus verkondigde als de Messias en Redder.

Zijn boodschappen worden in 176 landen uitgezonden via satelliet, inclusief GCN TV en hij wordt vermeld als de "Top 10 meest invloedrijke Christelijke leiders" van 2009 en 2010 door een bekend Russisch Christelijk blad In Victory en nieuws bureau Christian Telegrapgh voor zijn krachtige TV uitzendingen en buitenlands gemeente bedieningen.

Vanaf mei 2013, is Manmin Centrale Kerk een gemeente met meer dan 120,000 leden en 10,000 branche gemeente over de hele wereld, inclusief 56 binnenlandse en heeft meer dan 129 zendelingen uitgezonden naar 23 landen, inclusief de Verenigde Staten, Rusland, Duitsland, Canada, Japan, China, Frankrijk, India, Kenia, en veel meer.

Tot de datum van deze publicatie, heeft Dr. Lee 85 boeken geschreven, inclusief bestsellers als Het eeuwige leven smaken voor de dood, Mijn leven mijn geloof I & II, De boodschap van het kruis, De mate van geloof, De hemel I & II, De hel, Israël wordt wakker en De kracht van God, en zijn werken zijn vertaald in meer dan 75 talen.

Zijn christelijke columns verschijnen in The Hankook Ilbo, The JoongAng Daily, The Chosun Ilbo, The Dong-A Ilbo, The Munhwa Ilbo, The Seoul Shinmun, The Kyunghyang Shinmun, The Kyunghayang Shinmun, The Korea Economic Daily, The Korea Herald, The Shisa News, en The Christian Press.

Dr. Lee is tegenwoordig leider van vele zendingsorganisaties en verenigingen. Zijn posities houden in: Voorzitter, De Verenigde Heiligheid Kerk of Jezus Christus; President, Manmin Wereld Zending; Blijvend President, Van de Wereld Christelijke Opwekkingsvereniging; Oprichter, Manmin TV; Oprichter en bestuursvoorzitter, Wereld Christelijke Netwerk (GCN); Oprichter en Bestuursvoorzitter, De Wereld Christen Dokters Netwerk (WCDN); en Oprichter en Bestuursvoorzitter, Manmin Internationale Seminarium (MIS).

## Andere krachtige boeken van dezelfde auteur

### De Hemel I & II

Een gedetailleerde weergave van de prachtige leefomgeving waar de hemelburgers van zullen genieten en een mooie beschrijving van de verschillende niveaus van hemelse koninkrijken.

### De Boodschap van Het Kruis

Een krachtige boodschap voor alle mensen om degene wakker te maken die geestelijk slapen! In dit boek kan je de reden vinden waarom Jezus de enige Redder is en de ware liefde van God.

### De Hel

Een ernstige boodschap voor de gehele mensheid van God, die wenst dat niet een ziel valt in de diepten van de hel! U zult ontdekken de nooit-eerder-geopenbaarde weergave van de wrede realiteit van het Onder Graf en de Hel.

### Geest, Ziel en Lichaam I & II

Een gids welke ons geestelijk begrip geeft van geest, ziel en lichaam en ons helpt om te ontdekken wat voor soort "zelf" wij hebben gemaakt, zodat wij de kracht kunnen verkrijgen om de duisternis te vernietigen en een geestelijk persoon kunnen worden.

### De Mate van Geloof

Wat voor soort verblijfplaats, kroon en beloningen zijn er voor u voorbereid in de hemel? Dit boek is voorzien van wijsheid en leiding om uw geloof te meten en te ontwikkelen tot het beste en meest volwassen geloof.

### Maak Israël Wakker

Waarom heeft God Zijn ogen over Israel bewaard vanaf de grondlegging der wereld tot op vandaag? Welke voorziening heeft Hij voorbereid voor Israel in deze laatste dagen, die op de Messias wacht?

### Mijn Geloof, Mijn Leven I & II

Een zeer welriekende geestelijke geur onttrokken uit het leven dat bloeide met een onmetelijke liefde voor God, te midden van de donkere golven, koud juk en de diepste wanhoop.

### De Kracht van God

Een boek wat gelezen moet worden, welke dient tot een noodzakelijke handleiding waardoor iemand echt geloof kan bezitten en de wonderlijke kracht van God kan ervaren.

www.urimbooks.com

www.ingramcontent.com/pod-product-compliance
Lightning Source LLC
LaVergne TN
LVHW051951060526
838201LV00059B/3598